Vive Tu Propia Luz

Mary Lechuga Ozáez

Vive Tu Propia Luz

Crea - Explora - Descubre - Conecta
¿Te atreves a CREAR?

Título: *Vive tu propia Luz*
© 2019, Mary Lechuga Ozáez
Portada: @sandoraneko

marylechugaozaez@gmail.com

Primera edición: diciembre de 2019
ISBN-13: 978-84-09-16711-1

Vive Tu Propia Luz.

¿Qué significa "vivir tu propia Luz"?

Vive Tu Propia Luz es un libro para que te realices.

Es un libro para que tú seas el creador de tu vida.

Para que tú seas tu propia estrella.

Tu propio éxito.

Tu propia realización.

Para que tú

seas tú.

Ese que eres.

Ese que construye,

crea su vida,

sus sueños, y los hace realidad.

Eres una estrella de éxito, no lo olvides.

Brilla en tu propia estrella,

con todos tus talentos y experiencias de vida.

Brilla y muestra tu esencia.

TU LUZ.

ÍNDICE

Bienvenido de nuevo, mi querido valiente creador de LUZ Y SUEÑOS, ya estamos en el último tomo.

El último o el primero, qué importa. Puedes empezar la lectura por el libro que te apetezca. Los escribo de manera que lleven un orden, pero también puedes leerlos al revés. Están creados para poder leerlos del derecho o del revés. El contenido es el mismo, aunque quizás el mensaje que te llegue leyendo, de una manera o de otra, sea distinto.

¿CUÁL ES TU LUGAR?

¿CUÁL ES TU LUGAR EN EL MUNDO?

¿LO SABES?

¿SABES QUÉ HAS VENIDO A DAR?

¿SABES DÓNDE TE ENCUENTRAS?

¿LO SABES?

¿SABES HACIA DÓNDE VAS?

¿SABES QUÉ QUIERES?

¿QUÉ NECESITAS?

¿QUÉ ENERGÍA MUEVE TU VIDA?

¿EL MIEDO O EL AMOR?

¿LO SABES?

INICIO

Primero naces, descubres la vida y después tienes que descubrirte a ti para descubrir la vida.

Así que esto es como el huevo y la gallina. ¿Qué va primero? ¿El huevo o la gallina?

Aquí, ¿qué va primero?, ¿descubrir la vida o descubrirte a ti? Porque, quizás, hasta que no te descubres a ti, no descubres la vida.

Aprender a vivir, aprender a vivir desde ti, aprender a vivir a través de ti, aprender a vivir la vida que quieres vivir y aprender a vivir desde el amor, desde la confianza y desde algo mucho más profundo que no todas nuestras necesidades de supervivencia.

Elegir vivir desde el corazón, elegir vivir desde tu amor, elegir vivir con la suficiente inteligencia de equilibrar, tu mundo mental, tu mundo emocional, tu mundo espiritual y tu mundo físico.

Equilibrar todos los aspectos de tu vida. TODOS.

Equilibrar y mantenerse en equilibrio.

Hay días en los que me siento muy equilibrada y, después, por cualquier imprevisto mal gestionado o, por cualquier suceso que no depende de mí, llega el desequilibrio, llega el no saber qué hacer y llega el "¿ahora qué hago con esto?" y "¿cómo lo gestiono?".

El suceso no depende de mí, cómo yo lo gestione sí. Llega la incertidumbre y llega la mente y tus pensamientos. Llegan esos pensamientos de miedo, esos pensamientos que empiezan a desequilibrarte, alerta a ese miedo porque viene a decirte algo.

Alerta a lo que ese miedo quiere decirte. Alerta a todo lo que ese miedo te quiere informar.

Alerta a la creencia de ese miedo. ¿Qué estás pensando? ¿Qué estás sintiendo? ¿A qué tienes miedo?

Me he pasado mucho tiempo sin saber cuál era mi lugar o si realmente estaba haciendo lo que quería hacer o si realmente estaba viviendo la vida que se supone tengo que vivir.

No es lo mismo crear tu vida que conformarte.

Conformarte con lo que te va llegando sin tú tener ni la mínima gestión de todo ello.

No es lo mismo decidir cómo te quieres sentir que dejar todas tus emociones en manos de los demás o de tu estado emocional de ese momento sin pararte a observar, a reflexionar del porqué te estás sintiendo así, qué te está pasando, qué creencia, qué pensamiento y emoción no están de acuerdo.

Porque, ¿sabes una cosa, mi querido valiente creador de LUZ y SUEÑOS? Que si tu cabeza cree una cosa y tu corazón siente otra, jamás llegarás a lograr tu sueño. Hay que conseguir que tu creencia, tu pensamiento y tu corazón estén de acuerdo.

No es lo mismo darte permiso para ser feliz, que ser tu propio enemigo y no permitirte serlo. No es lo mismo estar de acuerdo con tu sueño, que tener alguna creencia que ni identificas y que te está impidiendo cumplir tu sueño y actuar.

No es lo mismo, canción de Alejandro Sanz.

Justo escribiendo me he acordado de esta canción.

"La voz no la vendemos" dice la canción.

"No es lo mismo ser que estar".

"No es lo mismo estar que quedarse que va, no es lo mismo".

Las canciones.

¿Cuántas canciones forman parte de tu vida?

¿Te has hecho esta pregunta alguna vez?

¿Qué canciones escuchas?

¿Qué canciones te ponen los pelos de punta?

¿Qué música pones en tu vida?

Lo que comes, lo que escuchas, lo que lees, lo que te dices, lo que haces, todo y todos tus hábitos forman tu vida.

Los hábitos construyen tu vida.

¿Habías pensado en eso?

¿Te has parado a pensar que hábitos están creando tu personalidad?

¿Qué hábitos crean tu vida?

Tu manera de vivir la vida, de sentir, de comportarte, de relacionarte con los demás y todo eso está dirigiendo tu vida a un lugar u a otro.

Porque hablo de todo esto y porque lo que hace tu vida son los hábitos, pero cuando te das cuenta de que los hábitos son los que están controlando tu vida es el momento de observarlos y sentir si esos hábitos te están llevando a dónde tú quieres ir o, todo lo contrario.

Si esos hábitos que tienes en tu vida te están llevando al lugar contrario o al lugar donde sí quieres estar.

Cuando eres consciente de qué hábitos hay en tu vida, también te das cuenta de que todo, todo lo que tú tienes hoy en tu vida, ha sido formado por tus hábitos. Sí, tus hábitos. Tus hábitos de muchos años.

Tus hábitos diarios y tus hábitos aprendidos y copiados. Son hábitos que no te ayudan o, todo lo contrario, hábitos que sí te están ayudando a estar en el lugar que tú quieres estar.

Mi hábito más destructivo es el de callarme. El de callar lo que siento, el de callar por no molestar, el de callar por no saber si lo que voy a decir es importante o no, el de callar por no sentirme merecedora de hablar, el de callar por miedo a la crítica, el de callar por no saber cómo va a reaccionar el otro, el de callar por miedo al rechazo, el de callar por miedo a lo desconocido, el de callar por no saber cómo empezar la conversación, el de callar y el de no preguntar. Nunca preguntaba. Así, ¿cómo voy a saber? o ¿cómo voy a saber la verdad si no pregunto y si no soy capaz de responder cuando me hacen una pregunta incómoda?

También tengo el hábito de callar mis emociones. He callado mis emociones y eso no me permitía sentir y no me permitía sentirlas hasta que aprendía a gestionarlas. Para aprender a gestionarlas, primero tienes que reconocerlas, identificarlas y ponerles nombre.

Eso es. El no permitirte sentir no te deja vivir. Así solo sobrevives y, a veces, no me he permitido ni sentir amor.

Recuerdo que de pequeña me daba mucho miedo crecer y me daba mucho miedo cerrar etapas. Lloraba muchísimo cada vez que terminaba algo: un curso escolar, un viaje o unas colonias. Cualquier cosa que llegara a su fin me generaba tristeza. Por eso, fotografío el camino.

Quería que todo permaneciese eterno.

Que no pasara el tiempo.

Es la manera de tener ese instante, de tener ese instante para siempre, de inmortalizarlo o de recordarlo para siempre y quizás, para siempre, recordar la sensación a la hora de hacer esa fotografía.

Hasta que fui consciente que vivir así no me generaba bienestar, sino todo lo contrario. Vivir así me generaba apego.

Apego a todo lo vivido, apego a ser siempre pequeña, apego a que cuando algo es muy bonito no cambie, apego a mantener el mismo estado de felicidad. A que nada cambie y a que cuando algo te gusta, nada cambie.

Apego para estar siempre con la misma gente, apego a vivir apegado, apego al pasado, apego a recuerdos, apego a una forma de pensar, apego a una forma de vivir, apego a las tradiciones y apego a no salirte de tu zona conocida, de tu zona de confort o de tu pequeño mundo.

Vivir con apego solo hace daño. Si te apegas al miedo, vives con miedo constante.

En cambio, si te apegas al amor, es muy diferente. Apegarse al amor es muy diferente.

Apegarse al amor, es ser tú mismo. Apegarse al amor es ser quién eres, es ser quien has venido a ser y es ser tu propia LUZ. Cuando te apegas al amor y a la vida, es diferente, porque ya no es apego, es entusiasmo, es ilusión y es enamorarte de todo.

A mí, lo que me ha permitido escribir esta trilogía ha sido mi cambio de hábitos.

Primero, debes identificar los hábitos que no te aportan e identificar los que si te van a aportar y cambiarlos progresivamente.

El primer hábito que yo cambié, y en el que sigo trabajando, es el de mi diálogo interno. He sido muy dura conmigo misma así que, un día, decidí cambiar ese hábito y a empezar a entrenarme para que cada día mi dialogo interno fuese más positivo, más productivo y más agradable.

Para que mi diálogo interno sea, cada día, mi impulso y no todo lo contrario, que era la paralización y la postergación.

Debo cambiar el hábito de hablarme de forma negativa constantemente, y esto se consigue con un buen entrenamiento y siendo guiada. Pide ayuda si no sabes cómo cambiar ese hábito negativo por otro más potenciador o por otro más positivo.

Es un entrenamiento. Es darte cuenta de todas las veces que te hablas mal a ti mismo.

¿Te estás queriendo así?

Date cuenta de que, así, lo único que haces es hacerte daño a ti y a los demás, porque si tú te hablas mal a ti mismo es muy probable que hables mal a los demás.

Que trates a los demás como te estás tratando a ti.

Para que eso no pase estate alerta e intenta cambiarlo. Consigue cambiarlo.

Debes hablarte con amor, hablarte con respeto, hablarte desde la gratitud, hablarte desde el progreso, hablarte desde la paz, hablarte con ternura y hablarte con ganas de hablarte bien.

Debes tener ganas de ser tu mejor acompañante. Tienes que ser tu mejor acompañante. Vas a estar contigo toda la vida.

Así que ten ganas. Ten ganas de ti.

Acuérdate de las ganas, porque ganas siempre que tienes ganas. Ganas de ganar y ganas de seguir teniendo ganas.

PARALIZACIÓN

La paralización-detención (paro) experimenta una cosa que está dotada de actividad o de movimiento.

¿Para qué viene la paralización?

Pues la verdad, no lo sé, pero me he paralizado tantas y tantas veces, que por eso quise tomar acción porque estaba cansada de paralizarme. Me paralizaba un día, al siguiente y al otro y, cuando te das cuenta de ello, reconoces que llevas casi toda tu vida paralizada y que, aunque parezca que te hayas movido mucho, no te has movido nada, porque sigues en el mismo lugar. Sigues en el mismo lugar y sigues en el mismo sitio donde no quieres estar, pero sigues y sigues ahí sin saber por qué y sin saber para qué. Sigues en el mismo sitio donde no quieres estar y siempre te dices: "mañana", "mañana al igual me muevo" y "mañana, al igual, sé con certeza lo que tengo que hacer". Pero resulta que "mañana" no llega y, así, otro día y vuelves y vuelves y vuelves a estar paralizada.

Y, si te quedas escuchando música, ¿qué pasa? Ocurre justo que te ponen esa canción que habla de lo que a ti te está pasando y aparece en la radio ese artista que está interpretando una canción que habla justo de lo que tú estás sintiendo y que habla justo de lo que te está pasando a ti, en ese momento.

Es una canción nostálgica y triste. Dices: "joder, cómo me comprende. Mira, es justo lo que necesitaba hoy. Así me siento hoy y me llega esta canción".

Paralización.

Tú, ¿por qué crees que te paralizas?

¿Tienes idea de por qué te paralizas?

Porque yo, a veces, siento que me paralizo porque, simplemente, tengo miedo a ser feliz y porque llevo tanto tiempo paralizada que ya no sé lo que me espera. Supongo que es incertidumbre. Es vibrar. Cuando vibro lo paro y freno. Eso me ha pasado muchas veces. He parado la emoción y la he reprimido.

¿Por qué te paralizas?

Entonces:

¿Qué es la paralización?

¿Por qué nos paralizamos?

¿Para qué viene la paralización?

¿Qué está queriendo decir la paralización?

¿Qué evita la paralización?

¿Qué está evitando la paralización?

Ahora mismo estoy paralizada. Cuando tienes que dar un siguiente paso y no lo das, me paralizo.

Me he paralizado tantas y tantas veces que ya no quiero paralizarme más.

Por eso, he decidido tomar acción. Tomar acción hacia lo que yo quiero y tomar acción con compromiso, pero de nada sirve tomar acción sin compromiso. Hay que tomar acción y acción con compromiso.

Primero, compromiso contigo mismo y, después, compromiso con tu sueño.

Comprometerte 100 % con tu sueño.

Comprometerte, hacer y dar tu 110 %.

Da siempre ese pasito más. Ese pequeño paso un día ni lo notarás, pero cuando lleves muchos pasos pequeñitos te darás cuenta de que estás muy muy cerca de dónde quieres estar.

Ahí, sí. Sé valiente. Ahí sí. No te eches atrás. Ahí es donde tienes que ser muy muy valiente y una vez estés a punto de conseguirlo y a punto de lograrlo, mantente en amor para no caer en la trampa del miedo.

Te lo digo porque, a mí, me ha pasado muchas veces estar a punto de lograr algo y, en el momento de lograrlo, entrar en miedo y no conseguirlo.

Por eso, te digo, mi querido valiente creador de LUZ y SUEÑOS, que mantengas siempre las ganas, el entusiasmo y la confianza en tu sueño, porque, en el momento que una de estas tres cosas cae, tu sueño también cae.

Es inevitable y es imposible mantener algo en lo que no tengas ganas, en donde no tengas entusiasmo y en donde no haya confianza.

Estos tres pilares son importantísimos para mantener tu sueño, para mantener tu camino y para vivir. Estos tres pilares son importantes para vivir: confianza, ganas y entusiasmo.

Después de mi primer evento de *Vuélvete imparable*, del cual salí muerta de miedo de allí porque tenía que aplicar todo lo que había aprendido allí, pero, esta vez, en zona donde todo lo que había aprendido en ese evento no era conocido y donde sabía que tenía que empezar sola. Porque cuando empiezas un viaje hacia tu interior, empiezas sola, crees que estas sola, pero, en realidad, no estás solo porque te tienes a ti. Te tienes a ti mismo.

Y te sientes solo porque tienes que descubrirte. Tienes que descubrirte de nuevo. Tienes que saber quién eres, saber qué quieres y saber hacia dónde vas.

Tienes que darte cuenta, ser consciente de si estás viviendo la vida que tú quieres vivir o estás viviendo la vida que tú crees te ha tocado vivir.

Cuando eres consciente de que tú eliges y que estamos eligiendo constantemente, es el momento en el que tienes que ser valiente y decirte la verdad. Primero a ti y después a los demás.

Decirte la verdad, parece fácil y sin embargo decirte la verdad puede ser muy doloroso.

DISFRUTAR DEL CAMINO

Primer paso: aceptar. Aceptar lo que estás sintiendo.

Segundo paso: no juzgarte.

Tercer paso: ¿qué quieres?

Cuarto paso: plan de acción para conseguirlo.

Quinto paso: acciones que te lleven hacia donde tú quieres.

Sexto paso: disfrutar del camino. Bueno, este no sé si es el sexto o el primero. Es muy importante disfrutar del camino.

Séptimo paso: realizar tu sueño.

Como he contado antes, después del evento *Vuélvete imparable*, empecé a replantearme toda mi vida y hasta mi relación de pareja.

Empecé a replantearme toda mi vida.

¿Qué estaba haciendo con mi vida?

¿Realmente estaba viviendo la vida que yo había soñado?

¿Realmente estaba viviendo de la manera que anhelaba o, realmente, toda mi vida era una mentira?

Todas esas preguntas me surgían, todas esas preguntas llegaban y me hacían dudar. Dudar de todo, dudar de mí, dudar de los demás, dudar y dudar.

Realmente algo no estaba funcionando bien. Realmente yo no me sentía ni bien ni feliz.

Entonces, ¿qué estaba pasando?

¿Qué te está pasando, Mary?

Esa era siempre mi pregunta.

¿Qué te está pasando?

¿Qué estás sintiendo?

¿Qué necesitas?

¿Qué es lo que no entiendes?

¿Qué quieres?

¿Qué vas a hacer a partir de ahora?

¿Cómo lo vas a hacer?

¿Qué necesitas para ser feliz?

Y con esta última pregunta me salió la respuesta. Esta pregunta fue la que dio el impulso a mi cambio.

Esta fue la pregunta que me hizo moverme. Paz. Lo único que necesitaba era paz. Paz interior. Estar en paz conmigo, con la vida y con los demás.

Sentir paz. Lo único que quería era paz. Paz en la mirada. Sí. Yo siento que lo que realmente te da la felicidad es la paz en la mirada.

Cuando alguien siente paz la transmite, cuando alguien tiene paz en su mirada la transmite y cuando alguien siente paz, solo puede aportar paz.

Eso era lo que yo necesitaba: paz. Paz en mi mirada. Eso era lo que realmente estaba buscando. Estaba buscando paz.

Paz de emociones, paz de pensamientos y paz en mis creencias.

Paz. Buscaba paz en los demás y buscaba paz en el mundo. Buscaba y buscaba más paz.

Y la única manera de encontrar esa paz fue mostrando y mostrando todos esos instantes que me aportaban paz.

De ahí surgieron mis exposiciones de fotografías.

De ahí, fotografío el camino. De ahí enfocando y, de ahí, surge *Energía en Movimiento*, mi segunda exposición de fotografías.

Uniendo todo y uniendo toda mi vida. Por unir toda mi vida surge esta trilogía: *Paz En Tu Mirada*.

Paz En Tu Mirada

Tu Voz Sí Importa

Vive Tu Propia Luz

De ahí surgió todo esto de buscar esa paz.

De buscar la paz. Mi paz.

Y, ¿sabéis cómo se consigue estar en paz?

¿Cómo se consigue ser tu propia paz?

Siendo paz.

Traspasando el dolor. Hoy en día, la única manera que yo conozco es traspasando el dolor. Hay que vivirlo y sentirlo como algo que viene a sanar y que viene a que tú te encuentres a ti mismo.

A que tu consigas ser tú y a ser tu propia estrella. Tu propia luz.

El dolor te avisa, de que hay algo que no está funcionando bien en tu vida, el dolor te avisa de que hay algo que te está impidiendo ser tu propia estrella, ser tu propia luz.

El dolor es un aviso de que hay algo que debes cambiar, sanar y aceptar.

El dolor es un aviso de que necesitas cambiar. Es un cambio porque necesitas escucharte y necesitas encontrarte y amarte.

Hay que traspasar el dolor, ese dolor que identificas tienes que pasarlo, integrarlo y aceptarlo, para pararlo hay que traspasarlo, como cuando haces yoga.

Sí. Si habéis hecho yoga como yo, mis queridos valientes, sabréis que cuando estás haciendo una meditación, una cuarentena o algún ejercicio en el que hay que mantenerse durante mucho tiempo en la misma posición, habréis experimentado que llega un punto de muchísimo dolor, pero, si aguantas y si resistes después del punto de dolor más grande, llega la liberación y la relajación.

Yo lo escuchaba en los demás, pero nunca era capaz de soportar el dolor. Siempre me rendía antes, dejaba el ejercicio a medias y dejaba que el dolor me venciera.

Hasta el día que lo logré, logré aguantar, logré traspasar ese dolor y es cierto. Es cierto que, después del dolor más grande, aparece la calma. Aparece algo casi inexplicable, porque no lo puedes comprender y te alegras. Te alegras de haber resistido, te alegras de haber aguantado todo ese dolor, porque te das cuenta de que todo es mental.

Casi todo en esta vida es mental. que lo que crees creas, Tanto si lo que estás creando es bueno o malo, según tu interpretación. Todo es neutral, lo que cambia es el significado que le damos a cada situación.

Yo en el ejercicio me decía: "No puedes, Mary. Te duele mucho. Déjalo que te va a dar un chungo. Déjalo, tía, que ya verás cómo vas a estar mañana. Esta gente está loca. Esto es imposible. Tu cuerpo no te permite esto".

Hasta el día que decidí que sí que podía y que, si mis compañeros podían, yo también podía. Sí. ¿Por qué no? ¿Por qué no iba a poder? Así que lo hice. Aguanté la postura, aguanté el dolor de mis brazos, aguanté el dolor de mis piernas y pude con mi mente, que me decía que no. Que no iba a poder. Pero sí. Traspasé todas esas cosas y llegó la fuerza y llegó el estar bien después del dolor.

Llegó el estar mejor y el ser consciente de que, si tú crees en ti, puedes hacer lo que te propongas. Te puede costar más y te puede costar menos, pero con la única persona que tienes que competir es contigo mismo. Debes compararte contigo, con lo que estás prosperando, con lo que estás mejorando y con lo que estás cambiando en ti a tu ritmo, a tus necesidades y a tu saber estar.

Comprenderte a ti mismo. Debes comprenderte a ti mismo, mi querido valiente. Comprenderte sin juzgarte.

Y aprender a escuchar a tu cuerpo, porque tu cuerpo te habla, te avisa, y te va a acompañar siempre. Es tu vehículo y hay que cuidarlo, hay que respetarlo y hay que saber aprender a escucharlo.

Tu cuerpo es supersabio y te avisa. Te avisa de lo que estás pensando, sintiendo y de cómo estás gestionando la situación.

ENREDOS

¿Te has dado cuenta de cómo se enredan los cascos para escuchar música?

¿Cómo se crea ese enredo?

A veces, vas a coger tus cascos y están todos enredados y no sabes cómo ha sucedido.

Pues eso pasa también con las cosas. Eso pasa también con las situaciones, con las emociones y con los pensamientos. Se enredan y no tienes ni idea de cómo has llegado hasta allí o de cómo se han creado ni en qué momento se ha creado.

Solo sabes que están y que ese enredo no te gusta.

Para poder desenredarlo, hay que encontrar la raíz de tal enredo.

Cuando sientes que tu vida está muy enredada, sientes que no entiendes nada y sientes que andas perdido. Sientes esa incertidumbre y ese malestar que no comprendes. No sabes por qué estas así, te preocupas porque quieres avanzar y no lo consigues, quieres ir a mejor y, sin embargo, vas a peor, quieres encontrar tu lugar, quieres sentirte capaz de hacer lo que tú quieres hacer, ser capaz de realizarte y ser capaz de vivir la vida que sueñas.

Quieres ser capaz de hacer lo que te has propuesto hacer.

Acuérdate:

¿Qué sueños sueñas?

¿Lo sabes?

¿Sabes qué sueños sueñas?

Y, entonces, ¿por qué no lo estás cumpliendo?

¿Por qué todavía tu sueño no te llega?

¿Por qué todavía tu sueño se te resiste?

¿Por qué, aunque quieras mucho tu sueño, no consigues realizarlo?

De mi experiencia descubrí que no cumplía sueños porque tenía que averiguar una cosa. Porque tenía que cambiar muchas cosas. Tantas cosas, tantas creencias y tantos hábitos. Tenía que averiguar mi herida. Mi herida raíz.

TU HERIDA ORIGINAL

¿Qué herida tienes?

¿Lo sabes?

¿Sabes cuál es tu herida?

¿Tu herida original?

Sí, la original. Esa que siempre se te repite.

Piensa en tu herida. Tu herida original.

Tu herida raíz. Esa que no para de repetirse.

A veces cuesta verla porque no la identificas y no sabes ni que la tienes.

Y sí, la tienes. Está ahí, dando guerra y dando resistencias.

¿Te acuerdas de las resistencias?

Si has hecho bien la lista de las resistencias de *Paz En Tu Mirada* lo tendrás todo apuntado. Si no, no pasa nada. Observa con amor y en silencio y encuentra tu herida.

Sánala y así permitirás que tu sueño te alcance.

¿Quieres sanarla?

"Sanarla" significa hacerte responsable.

"Sanarla" significa coger el camino difícil, el angosto o el camino estrecho.

Es coger el dolor y hacerte responsable.

Si has llegado hasta aquí, es porque eres un super-valiente.

Un guerrero. Eres un valiente de corazón.

Eres capaz de sanarla.

Eres supercapaz de hacerlo. Yo confío en ti y sé que lo vas hacer.

Estoy segura.

Solo tienes que mirar tu herida con amor.

Y hacer lo que tienes que hacer.

Escucha tus silencios y haz que tu corazón pueda expresarse.

Recuerda que tu voz sí importa, que tienes paz en tu mirada y que eres capaz de crear tu propia estrella para vivir tu propia luz.

Identifícate con tu herida y dile que ya fue suficiente, que le agradeces todo el tiempo que pasó contigo y que la quieres solo que, ahora, ya tiene que sanar y que cicatrizar. Tiene que ser una cicatriz de esas que molan, de esas que son sexys y que hacen que se fijen en ti.

Haz de tu cicatriz una historia bonita. Una historia de esas que se guardan en el corazón con amor.

Una cicatriz de valiente.

Una cicatriz de fortaleza, una cicatriz de gratitud y una cicatriz de paz en tu mirada.

Una cicatriz de guerrera/o imparable.

Que tu cicatriz sea tu impulso para crear tu propia estrella y tu propia luz.

SUEÑO

Cuando un sueño no depende solo de ti, porque es un sueño que quieres compartir con alguien más, aunque ese alguien más no quiere compartir tu sueño contigo, ¿qué se puede hacer en estos casos?

En estos casos, lo que se puede hacer es volver al origen de tu sueño, es volver a sentir si todavía quieres ese sueño, si realmente ese sueño lo quieres compartir con esa persona o si realmente ese sueño es con ella.

A veces no sucede lo que uno quiere, pero sucede lo que uno necesita para su progreso y para su crecimiento. Sucede que todo lo que habías imaginado se cae y todo lo que habías soñado también se cae.

Cuando sucede eso, ¿qué se puede hacer?

Aquí hay muchas opciones. Nunca te quedes solo con dos. Busca más, busca tres, busca cuatro y no te quedes solo con dos opciones.

Primero, recupérate. Recupérate de tu sueño no cumplido, recupérate con compasión, recupérate y sigue y sigue creando sueños. Recupérate y crea de nuevo. Crea algo bonito y sigue creando.

La creación de algo nuevo y diferente en tu mismo sueño hará que tu sueño vuelva a tener esperanza y hará que tu sueño vuelva de nuevo a tener esa magia que tenía antes de no cumplirse. La magia está. Siempre está. Solo tienes que ser capaz de verla y si no la ves, entonces créala tú mismo.

Hay millones de opciones para volver a cumplir tu sueño. Por eso te digo no te quedes solo con una solución. Busca y busca más de una y más de dos.

Antes he comentado que, cuando tienes un momento de mucha tristeza o un momento de bajón existencial, hay instantes en los que tienes que sentir lo que está sucediendo dentro de ti, qué está sucediendo y cómo te estás sintiendo.

Esos instantes son tuyos. Acéptalos, vívelos y deja que se vayan una vez los hayas vivido y los hayas hecho tuyos y que los hayas experimentado. El dolor hay que sentirlo y hay que vivirlo para dejarlo marchar para que sane o haga su función de sentir y de experimentar la función del dolor. Pero, ¿cuál es la función del dolor?

Te lo digo porque tengo la experiencia. Porque tengo la pura experiencia de reprimir el dolor y de vivir con represión y, también, tengo la experiencia de vivir el dolor, de sentirlo, de reconocerlo y de disfrutar de él, porque cuando sabes que el dolor viene para sanarte, todo cambia. Vívelo y déjalo ir.

El dolor te ayuda a crecer y a trabajar la aceptación. El dolor te ayuda a conocerte, a ser consciente y volver a equilibrarte.

No te apegues a él. Solo escucha qué te quiere decir, solo escucha qué está necesitando, solo escucha que el dolor lo único que quiere es expresarse. Lo único que quiere el dolor es ser escuchado, es ser comprendido, es ser vivido y es ser reconocido para hacer su función. La función del dolor es crecimiento, es cerrar etapas, es cerrar sucesos, es cerrar cosas y situaciones que se han quedado sin resolver, es cerrar circunstancias y es cerrar y sanar.

La función del dolor es sanar algo que tienes que sanar.

Cada parte del cuerpo y cada órgano tiene su función y su función emocional.

Por ejemplo, recuerdas los movimientos de Seitai, pues a mí el movimiento frontal muy pocas veces me salía. Este es el movimiento de tirar hacia delante, de la acción, de caminar, de avanzar y de comerse el mundo.

Este movimiento, el día que empecé a desbloquearlo, fue muy bonito, porque yo sabía para qué servía, pero a mí no me salía. Siempre estaba en movimiento central y en movimiento torsión, o sea, en defensa y recogimiento.

Estaba en miedo y en protección.

Era mi manera de vivir: miedo y protección.

Cuando yo fui consciente de que ya me salía el movimiento frontal, me alegré muchísimo y forzaba hacer ese movimiento para que me saliera más, igual que el movimiento lateral. El movimiento lateral es del corazón y el de expresarse. Es el movimiento de la felicidad, como digo yo. Porque ese movimiento te hace conectar con tu paz y te hace conectar con tu niño. Te hace conectar con la felicidad y con las ganas de hablar de comer, de relacionarte, de querer y de amar.

Porque este movimiento te permite fluir y este movimiento te permite estar en paz.

Después de mi operación de tiroides me di cuenta de que estaba en movimiento central, en el movimiento de regeneración de células y en el movimiento de reconstrucción.

Recuerdo comentárselo a mi profesora y me dijo:

–Es normal. Te han quitado una parte de ti y ahora tu organismo está buscando la manera y la forma de vivir sin ella.

Tenía toda la razón. Acepté lo que me había pasado, acepté todo y acepté mi responsabilidad.

Los nódulos tiroideos salen por no expresar o por conflictos, porque tu corazón quiere una cosa y tu cerebro otra.

Se crean por falta de autoestima. Investigué muchísimo el por qué se creaban. Investigué y llegué a la conclusión de que, según mi experiencia, siempre en este libro estoy hablando de mi experiencia. Esta trilogía es mi experiencia y mi manera o mi forma de vivirla y de experimentarla.

Descubrí por qué se genera los quistes, los nódulos y todas esas cosas. Son células que quedan enganchadas y quedan enganchadas porque no logran encontrar otro movimiento. Pueden ser malignas o benignas, pueden crecer o pueden desaparecer.

Descubrí que mi nódulo me había salido por callarme tanto el dolor, las emociones, lo que sentía, por no hacer, por mi no acción y por mi paralización.

Decidí operarme porque cada vez mi nódulo era más grande, cada vez podía tragar peor, cada vez se notaba más y porque cada vez era más difícil expresarme.

Después de mi operación, me quedé paralizada. Paralizada y sin poder hablar, sin poder comunicarme y ¿sabéis que pasó? Tuve más ganas de comunicar, tuve más ganas de expresarme y tuve más ganas de hacer que mi voz sí importe.

Tuve más ganas de hacer sonar mi voz como te he dicho en otra ocasión, mi querido valiente creador de luz y sueños, empecé y empecé a grabar mi voz.

El primer paso para poder hablar y para poder comunicarme era ese: enamorarme. Enamorarme de mi voz. Enamorarme de lo que quería expresar y enamorarme de querer comunicar.

Y aquí estamos, mi querido valiente. Aquí estamos los dos. Aquí estamos en nuestro libro y en nuestra trilogía. Estamos aquí juntos leyendo, compartiendo y creciendo juntos.

Al principio, cuando escuchaba mi voz, no me gustaba. Después mientras más la iba escuchando, me empezaba a gustar más.

Cada vez me empezaba a resultar más bonita, más agradable y más impactante. Empecé grabando textos de libros que estaba leyendo y cosas que quería integrar en mi vida. Grababa cosas positivas, palabras de motivación de mucho crecimiento y palabras que me motivaran a tomar acción.

Después ya empecé a escribir, a grabar lo que había escrito, a grabar mis cartas a mí misma, a grabar lo que había aprendido, a grabar y grabar audios. Eran audios que escuchaba mientras trabajaba limpiando, audios que escuchaba en el coche, mientras hacía deporte, antes de dormir, al despertarme, a todas horas, mientras fregaba los platos, mientras limpiaba la casa, mientras caminaba por la playa o por el parque y mientras hacía fotografía.

Para mí, hacer fotografía es meditar. Es mi meditación contemplativa. Cuando fotografió el camino, estoy meditando, estoy conectando, estoy trabajando y disfrutando a la vez.

Cuando hago fotografía respiro, siento, huelo y tengo todos los sentidos conectados, así que lo único que tengo que hacer es hacer más fotografía.

Es hacer aquello que más te gusta hacer. Lo que más te guste hacer repítelo, repítelo y hazlo muchas veces. Hazlo, Hazlo y Hazlo.

Para ser feliz solo tienes que hacer aquello que más te guste hacer. Y repetirlo muchas veces.

Búscalo y hazlo. Hazlo y verás que cada día eres más feliz y estás menos irritado, porque cuando nos irritamos no podemos hacer lo que nos gusta hacer y tenemos que hacer otra cosa.

Por obligación, por necesidad o porque no nos hemos dado cuenta de que podemos sacar un ratito para disfrutar de lo que nos gusta hacer.

Por ejemplo, a mí me gusta leer y, por el día, no tenía tiempo o no encontraba el momento. Pues ¿qué hice? Levantarme antes, coger el hábito de cada día levantarme antes para dedicarme un ratito a mí, para cuidarme, para mimarme y para empezar el día haciendo lo que me gusta hacer.

Cogí el hábito de levantarme todos los días a las seis de la mañana, sábados y domingos incluidos.

Días de fiesta también, sin descanso. Levantarme para construir la vida que yo quería construir y levantarme para pensar. Si me levantaba para pensar y escribir mis sueños, me levantaba para planificar la vida que yo quería vivir.

Y, mira por donde, aquí estamos con mi trilogía a punto de terminar.

Para hacer esta trilogía, gracias a que ya tenía el hábito de madrugar para hacer lo que necesitaba hacer, a veces meditaba, otras leía y otras veces me levantaba y no hacía nada, pero daba igual, porque estaba de pie creando mis sueños.

A veces no reconoces y no sabes cuáles son tus sueños. No tienes idea de qué quieres, qué necesitas y no sabes qué te está impidiendo verlo.

Para hacer esta trilogía empecé levantándome a las seis. Después me di cuenta de que no era suficiente, así que me levantaba a las cinco, pero tampoco era suficiente, así que me puse de horario levantarme a las cuatro. Así que escribo de cuatro a siete y media. De siete y media a ocho, me preparaba una ducha y todo lo necesario para estar lista para vivir mi día. De ocho a nueve levantaba a mis hijos y los llevaba al cole.

Durante el día trabajaba en mi negocio Mary Kay. Así baje mi presión, pues no podía escribir así bajo mi tensión, porque tenía claro los objetivos. Mientras escribo, escribo. Mientras llevo mi negocio, llevo mi negocio.

Me organicé y así he podido gestionarlo todo mucho mejor.

SOMOS VALIENTES

*Te quiero. Te quiero, mi querido valiente creador
de luz y sueños.*

Te quiero por la paz en tu mirada.

Permítete ser feliz. Permítete ser feliz.

Date permiso para ser feliz.

La vida solo te ocurrirá cuando dejes que te ocurra.

Créala.

Deja surgir la vida. Tu vida. La que llevas dentro.

Comunica desde el corazón.

Paz interior contigo y después con los demás.

Encuentra tu paz interior y crea la paz en tu mirada.

*Recuerda que pequeñas llaves abren grandes
puertas.*

TÚ eres tu propia puerta

Y

Tu propia llave

SEGUIMIENTO

¿Cómo va tu herida?

Cuando identificas tu herida todo es más fácil y es más duro porque tienes que identificarla, aceptarla y sanarla.

Una vez se consigue, sientes esa paz y es cuando tienes la experiencia.

Para ello hay que ser muy valiente. Por eso, nosotros somos valientes. Porque si estás leyendo esta trilogía es porque eres un valiente.

Porque ya estás preparado o preparada para sanar tu herida.

Una vez que sanas la herida, después es hasta bonito recordarlo. Porque gracias a esa herida te has trasformado y gracias a esa herida puedes seguir tu vida, aunque de manera de forma distinta.

No te voy a engañar, pasar el proceso del dolor es durillo y es importante pedir ayuda.

Es importante tener la humildad de saber pedir ayuda.

Un dolor compartido es más llevadero y es más fácil de gestionar.

Cuando el dolor no se comparte es mucho más difícil sanar.

Para que un dolor sane hay que expresarlo y hay que contarlo.

Cuando se cuenta un dolor baja su intensidad, su presión, su tensión y todo lo que a ti te haga sentir que estás en dolor.

Cuéntalo y toda esa presión disminuye, se reduce y es más llevadera.

Busca y encuentra tu manera de poder liberar tu dolor.

Mi ejemplo es mi exposición. Yo no podía expresarme en palabras, no podía expresar cómo me sentía. No podía compartirlo, no podía ponerle nombre y conseguí expresarme a través de mi primera exposición de fotografía.

Por eso, mi primera exposición fue dolorosa para mí y casi la lleve oculta.

Me costaba decir que estaba haciendo una exposición, me costaba ser la estrella y no quería llamar la atención, pero claro, para exponer hay que exponerse. Sabía que en esa exposición se iba a ver a la Mary y que en esa exposición me iba a mostrar e iba a mostrar todas mis emociones, mis sentimientos e iba a ser, por un día, la protagonista.

Y eso me recordó al día de mi primera comunión y me conecté a esa energía. A esa energía de la Mary niña con su vestido blanco y a lo feliz que fui cuando uno de mis regalos fue la cámara de fotos.

Recuerdo que me la regaló mi hermana. Fue el regalo que más feliz me hizo. Bueno, la cámara y mi reloj.

Lo que más me gustó de ese día fue ver a toda la familia unida y comer en el campo.

El día de la exposición para poder estar tranquila y no dejarme llevar por mis miedos, conecté con esa

Mary niña y fui a la inauguración de la exposición con la ilusión de esa niña.

Y eso me ayudó a poder vivir la experiencia desde el amor y no desde el miedo.

Comunión-unión de dos o más cosas en lo que tiene en común. Comunión de sentimientos, comunión de ideales y comunión espiritual.

Una vez que lo hagas te sentirás libre, te sentirás mucho más tranquilo, sentirás paz y sentirás esa paz en la mirada.

La verdad libera y la verdad es la que te hace ser feliz, aunque en un principio duela. La verdad es lo que te va a permitir expresarte desde el corazón. La verdad es lo que te va a dar el valor de poder expresarte y de poder comunicar. La verdad es la que te va a liberar.

Encuentra tu paz interior.

¿Cómo te sientes cuando estás contigo mismo?

¿Qué tal estás cuando estás a solas contigo mismo?

¿Te sientes bien? ¿Te sientes mal?

¿Qué tal? ¿Cómo estás?

¿Qué necesitas? ¿Qué quieres?

¿Qué te está sucediendo?

¿Qué realidad quieres vivir?

¿Qué vas a hacer para que eso suceda?

Realízate y realiza la vida que tú quieres.

Primero control emocional.

¿Qué pregunta te estás haciendo?

¿Qué respuesta estás obteniendo?

Controla tu estado emocional y tu estado interno.

Más que controlar la gestión, es acción. Acción hacia lo que tú quieres, acción hacia donde tú quieres ir y acción hacia esas acciones.

Confía en el proceso y observar es el inicio de algo muy bonito.

Observa tus creencias, no juzgues, acepta y descubre. Sé un curioso de la vida. Sé un curioso de ti. Aprende de ti. Eres tú mejor maestro. Eres tu propio maestro y solo necesitas encontrar el alumno. Encuentra a tu alumno. Eres tú mismo. Tú mismo eres tú alumno y tu maestro. Eres tu propia paz en tu mirada y tu propia luz. Haz sonar tu voz y sé un maestro de ti y de tu vida.

Ama. Sobre todo, ama y no te olvides de amar. Amar la incertidumbre, amar las dudas, amar las cosas que no entiendes o no puedes comprender todavía, amar todas las experiencias vividas, amarlas y sentirlas. Sentir la experiencia y vivir la experiencia.

Cada persona tiene su propia sabiduría y aceptación de qué es un proceso. Tú eres el que va a crear tu propio cambio.

Confía en tu proceso, tú eres tu propia magia, tu propia estrella y tu propia luz.

Las emociones solo son energía que se mueven dentro de ti, aprende a gestionar tu propia emoción y hazte cargo de ella.

Identifícala, ponle un nombre y hazte su amiga. La emoción te avisa. Es tu aviso. Tu aviso de tu emoción.

LOS CONFLICTOS

¿Qué te quiere mostrar el conflicto?

Poder ver a través de un conflicto es lo que te va a ayudar a entender, a comprender y a comprenderte.

Ver detrás de un conflicto es un crecimiento brutal y ver a través de un conflicto te va a ayudar a que ese conflicto desaparezca.

CONFLICTO:

Oposición o desacuerdo entre personas o cosas.

El conflicto es una situación en la cual dos o más personas con intereses diferentes entran en confrontación, oposición o emprenden acciones mutuamente antagonistas con el objetivo de dañar y eliminar a la parte rival, incluso cuando la confrontación sea verbal para lograr, así, la consecución de los objetivos que motivan dicha confrontación.

El conflicto genera problemas, tanto a los directamente envueltos, como a otras personas.

El conflicto empieza por una emoción desbordada.

Los conflictos son grandes maestros.

He vivido muchísimos conflictos. Todos internos. Hay gente que expresa sus conflictos externamente y reaccionan en contra de otros. Es su manera de gestionar el conflicto.

La mía es más interna y mis conflictos son más internos. Mi confrontación ha sido siempre conmigo misma.

El dilema conmigo misma.

Entonces, he tenido que aprender a gestionar todos esos conflictos.

Cambiándole el nombre, cambia su intensidad y es más fácil encontrar la solución. Por ejemplo, en vez de llamarlo conflicto, llámalo situación.

Conflicto = situación = reto = encontrar una estrategia = situación de crecimiento.

Es decir, por ejemplo, yo quiero hacer algo, pero una parte de mí quiere y otra no.

Ya la hemos liado.

A quien hacer caso.

Hacer caso a lo que tú quieres hacer y eliminar lo que no te permite hacerlo.

Eso quiere decir que tú quieres hacerlo y que tu deseo es hacerlo, pero tienes a tu creencia que a veces ni la identificas que te está diciendo todo lo contrario. Entonces aparece la lucha interna de: ¿qué elijo? Elige la oportunidad de crecimiento que hay detrás.

Primero, identifica lo que quieres y después busca y encuentra la creencia que te está impidiendo que tú lo consigas.

Es muy importante mantener siempre el entusiasmo.

El entusiasmo es muy muy importante y, lo más importante, mantenerlo.

De eso se trata: de mantenerlo y de cuando te das cuenta de que te estás alejando de la paz y del entusiasmo. Debes buscar la manera o la forma de volver a conectar con ellos con la paz y el entusiasmo.

Los conflictos se resuelven con amor. El amor es lo que puede poner luz al conflicto. A esa situación.

Un conflicto surge porque hay una parte de nublado y hay una parte de cortinilla de humo que no se ve, pero que se siente. Los conflictos son un pequeño desequilibrio en tu pensamiento, emoción y acción.

Piensas una cosa, sientes otra y haces otra.

Así, ¿quién puede ser feliz?

Para equilibrar pensamiento, emoción y acción.

Necesitas claridad, claridad y enfoque.

Aprende a escucharte, aprende a identificar que te está pasando, aprende a enfocarte en lo que quieres y aprende a comunicar desde tu equilibrio.

Una vez identificas lo que estás sintiendo lo mejor es expresarlo en palabras.

Lo que está claro en palabras, está claro en la vida.

Poder identificar todo lo que sentimos y poder expresarlo.

Que lo que vives y que lo que vivas deje huella.

Deja tu huella.

¿Cómo?

Dando lo mejor de ti.

SEGURIDAD

Aprende a vivir en un mundo complejo.

La única seguridad posible es que tú te sientas seguro.

¿Dónde está la seguridad?

Simplifica.

¿Dónde está el contenido de la felicidad?

Cuando la realidad entra en crisis aparece una nueva identidad.

¿Vives interiormente inseguro?

¿Qué quieres? ¿Vivir diferente?

Define: ¿cuál es el contenido de la felicidad?

¿Qué quiere decir "tener identidad"?

Tu eres muchas cosas, no solo una. Somos muchas cosas. No te etiquetes. Eres muchas cosas diversidad de identidades. Construye tu identidad. Puedes ser muchas cosas.

La que tú elijas. Tu propia identidad y tu propia luz.

Tú, para ser tú, necesitas al otro. No puedes construirte solo.

Aprende a mirar.

¿Qué sentido tiene tu vida?

¿Vives tu vida con sentido?

¿Qué es la realidad?

Concíliate con ella.

Memorias emocionales. Revísalas. Realmente, ¿cuál es tu verdad? ¿Qué has vivido? ¿Qué quieres cambiar? Haz una revisión médica, revisa tu historia acompañada con amor, acompañada con entusiasmo, acompañada con honestidad, acompáñala con bondad, acompáñala con aproximación y acompáñala con visión.

La verdad te da libertad. La verdad te libera.

La responsabilidad tiene que ver con la conciencia de valores. Cuando yo siento que soy verdad, hay coherencia.

Silencio observador.

El corazón sabe si te estás engañando.

¿Quién sostiene tu sufrimiento?

Tú mismo sostienes tu sufrimiento.

Cuando eres consciente de ello puedes combatir ese sufrimiento.

No es fácil. Es un proceso y requiere de tu parte. Requiere de tus ganas y requiere de mucho amor, porque el sufrimiento hay que transformarlo en dolor y, una vez sientes, vives ese dolor y pasas ese duelo con todas sus etapas. El duelo son cinco etapas y tienes que pasarlas todas: la etapa de la negación, la etapa de la ira, la etapa de la negociación, etapa de la depresión y etapa de aceptación.

Cuando hablo de duelo sé de lo que estoy hablando y lo difícil que es cuando hay una de estas etapas o de estas fases no se supera y tu vida continua.

La etapa de negación es de supervivencia. En ese momento no estás preparado y niegas la situación. La función de esta fase es amortiguar el dolor. Es muy importante que no nos quedemos estancados aquí, porque si no, serás incapaz de iniciar el duelo y, consciente o inconscientemente, quedará fijada en su desarrollo.

La ira. En esta fase la realidad empieza a hacerse evidente y el dolor es tan grande que aparece la ira. Esta ira es necesaria para iniciar el proceso emocional y es el despertar del corazón a través del dolor.

Esto ayudará a no quedarse en una posición de víctima.

La negociación. En esta fase hay un dialogo interno entre lo sucedido y cómo lo estamos viviendo. Entre lo que es y lo que aceptamos. Es una fase importante. Se acepta que hay que seguir adelante, que hay nuevas opciones de sentir y nuevas maneras de poder continuar.

Escucha el mensaje y busca la manera de continuar en el camino.

La depresión. Aquí aparece la tristeza y sentimientos profundos de incertidumbre, vacío, dolor, impotencia, desazón y miedo ante la situación de pérdida.

Aquí empezamos a ver la realidad de la situación. Las pocas ganas de vivir aparecen y es imprescindible pasar por esta etapa. Cuando la padecemos, parece que va a durar toda la vida.

Es una percepción que hay que respetarla, aunque no sea cierta.

Aceptación. En esta fase ya empezamos a aceptar la situación. Somos conscientes de lo que ha sucedido y aceptamos la situación. Aceptamos que hay que continuar y que hay que seguir.

La aceptación sana. La aceptación es lo que te da la libertad de volver a vivir y de volver a ilusionarte de nuevo.

Los duelos son necesarios. No podemos prescindir de ellos. Si te cuesta hacer un duelo, pide ayuda. Pídela. No tengas miedo de pedir ayuda.

Es importante pasar ese proceso cuando hay una perdida. Es superimportante pasar el proceso del duelo.

De las cinco fases que he comentado antes, si hay alguna de ellas que no hayas procesado todavía, te aconsejo que lo hagas y que pidas ayuda para ello para que te puedan orientar guiar y acompañar en ese momento tan delicado. Es importante vivirlo y superarlo.

LA GRATITUD. GRACIAS POR AYUDARME A ENFOCAR MI MIRADA.

Necesitas responsabilidad, honestidad y ganas de ser responsable.

Busca dentro de ti, busca fuera de ti y observa la vida y las cosas buenas de la vida.

Centra tu enfoque en lo que quieres en tu vida.

Lo que no quieras ni lo nombres.

Nombra solo lo que tú quieres en ella.

Nombra lo que deseas y haz acciones hacia ello.

Eso es FE. La fe es acción. La fe es moverte hacia lo que tú quieres.

Es hacer lo que amas.

Ámate. Agradece tu vida, agradece todo lo que has vivido y agradece todo lo que vas a vivir.

Agradécelo todo. La gratitud es una fuerza y es una energía preciosa y bonita que va a llevarte a lugares que ni te imaginas.

La gratitud es un sentimiento, emoción o actitud de reconocimiento de un beneficio que se ha recibido o recibirá.

Hay dos clases de gratitud:

La condicional y la incondicional.

La primera consiste en sentirse bien cuando las cosas salen como uno espera.

La segunda consiste en una actitud y un hábito de vida. Sentirse bien sin que haya ocurrido nada especial. Es decir, estar agradecido por todo y por nada a la vez, pase lo que pase.

La acción es lo que mueve la energía. La acción es lo que hace realidad tus sueños. La acción es lo que te va a dar tu libertad.

Mueve tu corazón y mueve tu vida.

Déjate llevar por la sincronicidad.

Verás aparecer la magia en tu vida.

¿QUIÉN ERES TÚ?

Tu experiencia. Tú eres tu experiencia.

Entonces, ¿cómo quieres ser?

¿Qué experiencia quieres vivir?

Explora lo que no sabes y permítete saber lo que no sabes.

Integra lo aprendido. Todo es conocimiento y todo es conciencia.

Los estados de conciencia precisan de tu voluntad.

La experiencia de vida que está en ti.

Haz meditación contemplativa.

Haz silencio.

Contempla el arte que hay en ti.

Contempla y decide.

Eres hijo de la vida y, desde esta perspectiva, CRECES.

Necesitamos personas que ya hayan hecho camino para que nos ayuden a mirar.

Mira la abundancia de la naturaleza y mira la belleza que te rodea. Tantas veces al día vas con tanta prisa que te pierdes una buena parte y, así, no puedes absorber toda la belleza.

Es cuestión de abrir los ojos y estar muy despierto y sensible.

Cuanta más belleza absorbas, más belleza podrás reflejar.

El mundo necesita cada vez más amor, belleza, armonía y comprensión.

Haz tu parte. Haz lo que tengas que hacer, muévete y haz que tu vida valga la pena.

Cuando aprendes a escuchar a tu corazón, salen todas las respuestas.

Cuando aprendes a escucharlo y a hacerle caso ocurren los milagros.

LAS DIFICULTADES

¿Qué es una dificultad?

Cuando una dificultad aparece, es el momento de mayor crecimiento.

Puedes coger esa dificultad como un obstáculo o como un impulso.

Busca siempre más de dos cosas, nunca te quedes solo con dos cosas o esto o lo otro. Busca siempre más opciones. Mínimo tres y, a partir de ahí, mientras más opciones, mejor.

Eso te dará la oportunidad de no solo elegir blanco o negro y te dará la capacidad de encontrar muchas más opciones. Eso generará en ti las ganas de encontrar la solución ante tu obstáculo o dificultad.

Voy a poner un ejemplo, mis queridos valientes creadores de estrellas.

Ahora mismo estoy teniendo una dificultad económica.

Es el momento dónde más recursos económicos necesito para crear y conseguir mi sueño.

Mi sueño de escribir y de que mi mensaje llegue a ti.

Pues, desde que empecé este proceso, me han llegado muchas dificultades. Muchísimas desde el primer instante y todas las he ido superando porque me he enfocado en buscar la solución.

He tenido muchos desafíos, muchísima presión y muchas y muchas dudas.

Mi sueño es más fuerte que todo eso. Y no permito que todo eso me lleve a no realizar mi sueño.

Así que, decido. Decido buscar la solución.

Decido cumplir mi sueño, cueste lo que cueste.

Decido seguir creciendo y no dejar que las circunstancias externas no me permitan realizar mi sueño.

Ahora mismo tengo un problema económico, pues mi objetivo es encontrar la manera y la forma de que esto no me impida lograr mi sueño.

Buscar y encontrar la manera de que mis libros lleguen a ti y, déjame decirte que, si estás leyendo este libro quiere decir que he cumplido mi promesa y que he cumplido mi promesa de hacer llegar mi mensaje.

Al empezar a escribir esta trilogía, el primer desafío que tuve fue económico, pero el primer imprevisto fue que no podía sacar el dinero del banco todavía. Ese fue mi primer obstáculo.

El segundo desafío fue el ordenador y tengo un ordenador en casa que no funciona muy bien, pero también tengo mi portátil que va a la perfección.

Hasta que dejó de funcionar justo cuando empezaba a escribir mi primer libro.

Mientras lo arreglaba, tuve que escribir mi primer libro desde el móvil.

Ese fue otro imprevisto y han ido apareciendo millones de ellos cada día.

¿No os ha pasado que, cuando queréis algo se os resiste? Cuesta más que llegue ese momento.

Lo que trato de decir es que, cuando tú quieres algo y cuando quieres algo de verdad, haces lo posible y haces lo imposible, para lograrlo.

Cuando hay un conflicto quiere decir que, realmente, lo que tú crees que quieres en realidad no lo quieres o no es lo suficientemente claro para ti, todavía.

Te falta claridad, te falta integridad y coherencia.

Quizás por miedos, por falta de merecimiento, por no sentirte capaz, por falta de confianza y por muchísimas cosas más.

Cuando aprendes a escuchar a tu corazón, salen todas las respuestas.

Cuando aprendes a escucharlo y a hacerle caso, ocurren los milagros.

Para eso tienes que superar. Tienes que superar los obstáculos que te hacen crecer. Todos esos obstáculos, si consigues superarlos, son los que te van a llevar a lograr todo lo que desees, siempre y cuando no te rindas, siempre y cuando confíes en ti y siempre y cuando eas capaz de mantener el entusiasmo, pero en el momento que el entusiasmo se va, es más difícil lograrlo.

Mantén siempre el entusiasmo y, como dice Estopa: "Siempre es el tiempo que nos queda".

Ahora que hablo de Estopa, mi grupo favorito, soy estopera. Me encantan desde que salieron a la luz y lo que me hace mucha, pero mucha ilusión, es que ahora que yo voy a sacar mis libros, ellos también vuelven a sacar disco.

Sincronía con el universo. Me siento feliz por ello.

Estopa me gusta por su sencillez, por sus letras, por su energía, por lo naturales que son, por su autenticidad, porque siempre que los escucho me suben el estado de ánimo y porque mola. Mola mucho escucharlos en el coche.

Escuchar música en el coche me gusta ¿y a ti? ¿Te gusta escuchar música en el coche?

¿Qué música escuchas?

Acuérdate de que este libro empezaba con: ¿qué música escuchas?

Por eso os digo que las dificultades son grandes impulsos y son grandes maestros.

La paralización. La paralización es miedo. Es miedo que no te deja actuar, es miedo que te paraliza y hace que te alejes de ti, del mundo y de todos los que te rodean. Cuando estás en miedo y no eres consciente de ello, todo lo que pasa a tu alrededor es de una energía baja y es de una energía de escasez.

Lo he comprobado en mí. Cuando estoy en energía alta o energía de expansión, todo a mi alrededor funciona bien, porque yo estoy funcionando bien. Sin embargo, cuando estás en una energía baja o en energía de contracción, todo tu alrededor también empieza a funcionar mal o es más desagradable.

Se trata de mantener la energía en un estado de expansión y en una energía saludable.

A mí me pasa que, a veces, bajo mi energía y, siempre que soy consciente de ello, ha sido porque me he ido diciendo algo negativo durante algún tiempo. Eso hace que baje mi energía y que todo mi entorno se vea también perjudicado o que mi percepción de él es más negativa. Menos buena.

En esos casos hay que elevar esa energía. A mí me funciona salir a caminar, hacer fotos, escuchar música y moverme. Lo que me ayuda a salir de ese estado es moverme. El movimiento es la energía del corazón.

Moverse. Moverse es lo que hace que toda esa parte más desagradable desaparezca. Como siempre os digo, mis queridos valientes, mantenerse. Ese es nuestro trabajo. Mantenernos en estado de expansión para crecer, para movernos y para seguir cumpliendo sueños.

¿Cómo? Cambiando los pensamientos, cambiando el enfoque, cambiando las palabras que nos decimos y cambiando la postura corporal.

Hacer deporte ayuda. Ayuda muchísimo. Hacer deporte es superimportante.

Tres factores importantes:

1- Mantener la energía alta

2- Alimentación

3- Deporte

LA COMUNICACIÓN

Durante toda mi trilogía os he ido hablando de la comunicación. ¿Sabéis por qué?

Porque a mí me ha costado comunicarme y mi anhelo ha sido siempre aprender a comunicarme. Siempre he tenido miedo a hablar, miedo a expresarme y miedo a no saber hacer llegar bien mi mensaje.

Que se malinterpretase.

He tenido malas experiencias a la hora de hablar y de relacionarme y todo eso ha hecho que, en vez de reforzarlas y seguir hablando, conseguí todo el efecto contrario: no hablar, no comunicar y no expresarme. Por eso, mi comunicación ha sido a través de la fotografía. Con ella solo tenía que sentir, no tengo que hablar y no tengo que mostrar, solo sentir. Sentir y actuar.

Ella me ha ayudado a poder expresarme y a comunicarme.

Investigando mi falta de comunicación y mi falta de expresión lingüística, me he dado cuenta de que, de pequeña, cuando hablaba, no me entendían y siempre tenía que repetir lo que decía varias veces. Todo eso me generaba todavía más ansiedad y más miedo, porque con lo que ya me costaba decir algo, una vez que lo decía, me decían: "no te entiendo. Hablas muy flojo".

Y, madre mía. ¿Para qué? ¿Para qué voy a hablar?

Así que, entre eso y mi timidez, mi manera de relacionarme con los demás y el mundo no ha sido muy eficiente. No al menos como yo quería.

Por eso tengo tantas ganas de comunicar, de aprender a expresarme y de compartir mi historia.

Porque ahora, a mis 41 años, estoy empezando a comunicar, estoy empezando a poder expresarme con palabras. Ahora a mis 41 años estoy volviendo a nacer y estoy volviendo a ser la Mary niña, la Mary adolescente y la Mary adulta.

En mis sesiones de *coaching* aprendí que tenemos 4 energías:

La energía reina, amiga, amante y guerrera.

O cuatro voces. Llamarlo y ponerle el nombre en que os sintáis más cómodos.

Yo lo llamo "mis cuatro energías femeninas". También los chicos tenéis cuatro energías masculinas. Tenéis a vuestro rey, amigo, guerrero y amante.

Es curioso cómo yo utilizaba estas energías sin ni siquiera saberlo.

Todo empezó cuando empecé a escribirme a mí misma. No es casualidad que tenga 4 correos electrónicos igual que mis cuatro energías.

En las sesiones descubrí que la energía reina es tu niña o tu niño el que pide, el que quiere y el que manda. Después tienes a tu amigo o amiga que es quien te da consejos: esto sí o esto no.

También tenemos la energía amante. Esta es tu parte más amorosa, la parte de mostrar tu amor, de dar y recibir amor y, por último, la guerrera o guerrero. Esta es la energía que ejecuta y la que hace la acción.

Una vez la reina manda, la amiga y la amante están de acuerdo. Entonces entra la guerrera y actúa. Hace la acción.

Lo que tu reina o rey quiere.

Aprender a gestionar y a darte cuenta de todas estas energías te ayuda a equilibrarte, te ayuda a conocerte mucho mejor y te ayuda a vivir con más amor, más pasión, más aventura y más entusiasmo.

Te ayuda a ser tú y te ayuda a vivir de una forma mucho más divertida cuando aprendes a comunicarte con todas ellas.

Te ayuda a investigar sobre ti, te ayuda a quererlas a todas, a las cuatro, y te ayuda a comunicar lo que tú quieres comunicar.

Te ayuda a vivir. A vivir desde otra perspectiva totalmente distinta. Te ayuda a vivir desde tu centro: el corazón. Y no es casualidad que sean cuatro como el chacra 4, que es el chacra "corazón".

Quiero compartir con todos vosotros, mis queridos valientes creadores de luz, mis cuatro energías, cómo las he vivido, cómo las he conocido y cómo es posible hacer que todas ellas se lleven bien, se sincronicen y aprendan a vivir en comunión y en armonía.

REINA

Mi energía reina, la más dura para mí, es la que he tenido más bloqueada toda mi vida. Quizás, por mi infancia.

Quizás por no sentirme suficiente, quizás por mi trauma o quizás porque ha sido necesario que estuviera bloqueada, para hoy poder escribir todo esto y poder compartir mi historia por si puede ayudarte, por si puede inspirarte y por si puede hacer que tú también consigas tus sueños.

Recuerdo el momento que me separé de mi padre y nos fuimos al pueblo. En el momento de despedirme de él yo ya sabía que no lo iba a volver a ver.

Tuve ese presentimiento. Tuve ese instante de intuición.

Solo tenía cuatro años.

También recuerdo cuando estábamos en el pueblo y mi madre nos dijo que teníamos que volver y que papá había tenido un accidente.

Ese viaje lo recuerdo con mucho miedo, porque antes de que mi madre me avisara yo ya presentí que algo había pasado. Me pasa mucho eso. Cuando pasa algo o muere alguien cercano o conocido, algo me avisa antes. No sé bien si es telepatía, intuición o un don que tengo.

De pequeña me daba miedo, pero ahora lo agradezco porque me da la oportunidad de poder despedirme.

Pero, volviendo al viaje, en él empezó mi miedo y mi ansiedad por la separación.

Yo sabía que algo malo había pasado. Yo sabía que algo no iba bien y no quería separarme de mi madre. No quería dejarla sola o que ella me dejara sola a mí.

Recuerdo que, en ese viaje, mi madre bajó del coche y ese instante para mí fue muy angustioso.

El llegar a casa fue algo que no recuerdo bien, pero solo recuerdo que había mucha gente esperándonos y solo recuerdo el dolor de mi madre.

Me focalicé solo en ella. Recuerdo que toda la casa estaba llena de gente, pero la única imagen que puedo recordar es la de mi madre destrozada.

No recuerdo ni a mis hermanos.

No lo recuerdo no tengo ni el mínimo recuerdo de ellos, solo el de mi madre y mi sensación.

Mi padre estaba muerto, había muerto.

Mi presentimiento se había cumplido.

¿Y ahora qué?

¿Qué iba a ser de nosotros?

¿Qué iba a pasar?

Nos quisieron separar, pero mi madre no lo permitió.

Luchó por mantenernos a todos unidos.

En el instante que yo vi a mi madre tan mal decidí que yo nunca la iba a hacer sufrir. Decidí que, por mí, nunca iba a tener ningún disgusto y decidí que iba a cuidar de ella.

Vaya responsabilidad para una niña de cuatro años.

Recuerdo que no me alejaba de ella. Parecía su guardaespaldas y no quería perderla a ella también.

Fue mi manera de cuidarla. No quería ir a ningún sitio si no era con ella.

Ahí empezó mi miedo a la separación. Mi ansiedad a la separación es algo normal en niños, pero lo malo es que a mí me duró bastantes años más.

Y ahí es cuando empiezan los problemas. Cuando no se gestiona bien un duelo.

LA REINA MARY

La reina Mary le gustaba subirse a los árboles, le gustaba hacer deporte, le gustaba pintar, le gustaba escuchar música y le gustaba compartir con sus primos. Le encantaba estar con los primos. Mis primos. Mis mejores amigos.

La reina Mary le encantaba jugar en el patio con sus amigas.

La reina Mary le gustaba jugar al tenis. La reina Mary le gustaba estar sola y buscaba momentos de soledad, para estar con ella misma. Se alejaba de la multitud y le gustaba tener su espacio de silencio. Su espacio para estar con ella.

La reina Mary le gustaba comer helados, estar bajo la lluvia, pisar los charcos, las hojas del otoño en el suelo. Le encantaba correr por ellas y que se elevaran hacia arriba.

La reina Mary le gustaba comer palomitas los domingos. A la reina Mary le gustaba participar, le gustaba investigar cosas nuevas, le gustaba sentir el olor de la hierba mojada, mirar el fuego y ver las estrellas por la noche desde el balcón con su camisón blanco esperando que algún príncipe azul viniese a buscarla o a rescatarla. A la reina Mary le gustaba bailar y hacerse pasar por una bailarina. Recuerdo bailar con el papel higiénico como si fuese una cinta. Las olimpiadas del 92 me dieron esa visión artística. Ja, ja, ja.

A la reina Mary le gustaba imaginar y le gustaba observar. Ha sido muy observadora. La reina Mary le gustaba viajar en coche, ir los domingos al campo y conectar con la tierra, la naturaleza, ver las nubes, sentir el aire, observar el atardecer una vez volvíamos a casa y abrir la ventanilla del coche para notar el aire o para poder respirar. A la reina Mary le gustaba hacer bailes, crear, le gustaba crear, crear cosas nuevas y compartirlas, le gustaba ir al cole, solo para estar con sus amigas.

A la reina Mary le gustaba ver cómo la gente era feliz. A la reina Mary le gustaba escuchar a los pájaros cantar. Le gustaba descubrir cosas nuevas como los insectos, las mariposas, los girasoles y los animales. Le gustaba comer macarrones y le gustaba diseñar. Con el juego diseña tu moda.

Le gustaba, sobre todo, jugar, jugar y jugar con todo, con los primos: mis primos. Mis primos han sido y son mis mejores amigos. Mis primos paternos son los que he tenido más cerca siempre y siempre hemos estado unidos. Siempre nos hemos acompañado.

A la reina Mary le gusta abrazar. A la reina Mary le gusta reír y a la reina Mary le gusta soñar.

¿Qué le gusta a tu reina y a tu rey? ¿Qué le gustaba?

Espero que todo eso se lo sigas dando, lo sigas disfrutando y lo sigas haciendo realidad. Ten a tu reina y a tu rey alegre y contento. Hazlo feliz y mantenlo feliz.

Después continuo con la amiga Mary. Ahora quiero compartir el bloqueo emocional.

BLOQUEO MENTAL Y BLOQUEO EMOCIONAL

Los bloqueos. He tenido bloqueos mentales y bloqueos emocionales.

¿Cómo se produce un bloqueo?

¿Para qué viene un bloqueo?

Es una sensación incomoda en la que no logras coordinar ideas, no logras claridad y te sientes atrapado.

Es un síntoma frecuente de ansiedad.

El bloqueo mental es una resistencia provocada por la negación de emociones y pensamientos.

Es un mecanismo de defensa que se pone en marcha automáticamente.

En esos momentos la capacidad de pensar y de organizar los pensamientos es muy poco efectiva y así, en ese estado, no logramos gestionar algo que, en otro momento, sería fácil solucionar.

Es una sensación puntual que se puede alargar y perdurar en el tiempo como, por ejemplo, si sufrimos un trauma.

En estos casos el bloqueo mental viene acompañado también por un bloqueo emocional y todo esto se convierte en un obstáculo.

Un obstáculo que nos impide avanzar generando emociones de miedo, de tristeza, de enfado y de culpa.

Cuando estamos bloqueados, nuestra capacidad de pensar y sentir en libertad disminuye.

¿Cómo reconocer un bloqueo mental?

Plano psicológico. Pérdida de energía agotamiento, tensión interna, insatisfacción, sufrimiento, pérdida del sentido e imposibilidad de llevar adelante los planes.

Plano físico. Dolor de cabeza, náuseas, problemas en la piel, trastornos gastrointestinales y una vida sexual insatisfactoria.

LAS CAUSAS DE LOS BLOQUEOS MENTALES Y EMOCIONALES

1. Trastornos psicológicos, ansiedad, trastorno de pánico, depresión, fobias y trastornos de estrés postraumático. Todo esto te impide pensar con claridad.

2. Falta de conexión con las emociones. Cuando hay costumbre de reprimir las emociones, estas terminan enquistándose y en periodos de estrés vuelven a salir y pueden volver a provocar un bloqueo mental.

3. Traumas no resueltos. Todo lo que ocurre se queda grabado en nuestra memoria. Algunas veces, cuando las situaciones han sido particularmente dolorosas, desde el punto de vista emocional, y no las hemos asumido. El más mínimo detalle puede reactivar el trauma y conducirnos a un bloqueo mental.

4. Creencias erróneas adquiridas en la infancia, experiencias infantiles de desvalorización,

desprecio y humillación. Palabras como "eres tonto", "no sirves" o "nunca llegarás a nada". Todos estos comentarios te impiden que, más adelante y cuando eres adulto, no consigamos lo que queremos y merecemos.

5. Sentimiento de culpa. La culpa te mantiene atado al pasado. A un error del pasado que no logramos superar. Los bloqueos se originan a raíz de una equivocación que no hemos podido perdonarnos y que continúa determinando nuestro comportamiento a través de creencias del tipo: "no soy suficientemente bueno" o "no merezco que me pasen cosas buenas". Un autocastigo.

6. Idealización del yo. El perfeccionismo también ocasiona bloqueos y miedo al fracaso que puede llegar a ser muy paralizante. Cuando sientes que tus decisiones no van a estar a la altura.

7. Situaciones muy tensas. Esto ocurre cuando la situación en la que estamos inmersos genera tanta tensión que no somos capaces de soportarla, nos sentimos desbordados y nuestro cerebro reacciona a esa sobretensión desconectándose.

Utiliza tu bloqueo mental para una oportunidad de cambio.

Un bloqueo es una señal de alarma, es una señal de que no estás gestionando bien, es una señal de que hay que liberar toda esa carga y de que hay que eliminar ese bloqueo y descubrir su origen.

Hay diferentes bloqueos y diferentes causas una vez se resuelve. Es cuestión de utilizarlo para crecer, para mejorar, para construir de nuevo y para seguir adelante. Es momento de agradecer todos esos bloqueos y amarlos para poder, a partir de ya, no volver a repetirlos, quedarse con el aprendizaje que nos aportan y seguir nuestro camino. El camino por la vida y por tu vida.

VAMOS A POR LA ENERGÍA AMIGA MARY

La amiga Mary. Esta, quizás, es la más difícil y con la que he tenido más conflicto.

Esta es la que me dice "esto no lo hagas" o "¿a dónde vas?" y ha sido la más difícil de gestionar.

Pero, al final, hemos llegado a un acuerdo.

Le permito que me aconseje y le permito que me cuide, porque lo que quiere es cuidar. Lo mismo ocurre con lo que tú quieres para tus amigos. Esta energía es lo mismo. Quiere cuidarte, protegerte y que seas feliz.

Te da consejos y te avisa del peligro.

Llevarte bien con ella te va a aportar muchos beneficios. A ti y a ella.

La amiga Mary es protectora, impaciente, un poco paciente también, impulsiva, divertida, creativa y le gusta sentir seguridad, confianza y estabilidad. Creo que busca estabilidad, organiza ideas, da consejos, etc. Es decir, se mete en todo. Ja, ja, ja. Es un poco cansina. Se preocupa, no se calla y es muy pesada a veces. La tengo que poner a dormir para que me deje descansar. Se crea películas y sueña mucho mi amiga. También quiere lo mejor para mí. Por eso me protege, me cuida, me da ánimos y me avisa de los peligros. Así que decido que mi amiga o mi energía amiga sea mi mejor amiga. Mi compañera de viaje y mi guía.

¿CÓMO ES TU ENERGÍA AMIGA, AMIGO?

Llévate bien con ella. Es una energía en la que aprendes a observar todo lo que te da miedo y todo lo que llevas arrastrando y sintiendo. Es una energía que cuida de ti.

LA ENERGÍA AMANTE

La Mary amante.

La Mary amante está presente y es presencia. Aporta presencia y, quizás, no habla mucho, no comunica con palabras, pero siempre está presente y siempre aporta presencia.

La amante Mary tenía miedo al contacto físico, a los abrazos y al tacto. Era un poco arisca y se protegía. Esta energía me ha costado más mostrarla. No la muestro a todo el mundo. Solo a los que me han dado la confianza y sin confianza se cierra, se protege y se oculta.

La amante Mary sueña en grande. Esta sí que sueña en grande.

Le costaba fluir, pero ahora cada vez le cuesta menos, aunque todavía hay ocasiones en las que se sigue quedando en su caparazón y sigue oculta.

Necesita de grandes espacios protegidos para poder expresarse en libertad. Para poder expresar su amor.

¿Cómo es tu energía amante?

LA ENERGÍA GUERRERA

La guerrera Mary.

Este sí que ejecuta. Es la que más mola, la que actúa y la que toma la acción.

Esta guerrera ha pasado de ser una guerrera pasiva a una guerrera activa. Una guerrera que lucha por sus sueños, una guerrera que supera obstáculos, que organiza, que hace cosas que antes no hacía y que se pone objetivos o retos y que los supera.

Energía guerrera.

Mi favorita, porque es el equilibrio entre las otras tres.

Hasta que las otras tres no están equilibradas no llega la acción o, al revés, hasta que no haces la acción las otras tres no se equilibran. Todo depende de cómo lo mires y de cómo lo sientas.

Por eso es importante conocerlas. Es importante acompañarlas y es importante que todas ellas lleguen a un acuerdo.

Lleguen a su máxima comunicación o a una comunicación total.

¿Cómo es tu energía guerrera, guerrero?

ENERGÍA MASCULINA O ENERGÍA FEMENINA EL YIN Y EL YANG

Es interesante saber todo lo de las energías. Tú tienes energía masculina y energía femenina, seas hombre o mujer.

Se trata de unirlas y de vivir en armonía con las dos.

Acción y protección. Siento que esas son las bases.

Bien, mi querido valiente creador de SUEÑOS y LUZ.

Ahora, vamos a hablar sobre el mensaje que tienes que dar al mundo.

Gandhi ya lo decía: "Tu vida es tu mensaje".

Cuando yo decidí que quería dar un mensaje, me puse manos a la obra para hacerlo, pero, claro, me costaba expresarme. ¡Qué bien! Mi primer impedimento. Mi primer obstáculo.

Así que decidí pedir ayuda, pedir y encontrar a la persona adecuada para mí. En cuanto esa persona llegue a tu vida lo notarás y lo sentirás. Te darás absolutamente cuenta y la vas a reconocer. Te va a sorprender. Te va a sorprender para toda la vida.

A mí me pasó. Me pasó con mis mentores. Me pasó y los elegí o ellos me eligieron a mí. ¿Quién elige a quién?

Ellos aparecieron en mi vida y en el proceso de mi búsqueda. Buscaba alguien con quien conectar. Buscaba alguien con quien me sintiera comprendido. Buscaba a alguien que me comprendiera y me buscaba a mí en los otros. En realidad, nos buscamos a nosotros mismos en los otros.

Cuando empecé, el proceso de crecimiento personal más potente fue al descubrir a Laín. Él me ayudó a darme cuenta de que necesitaba un cambio y más que un cambio una transformación.

Una mejora de mí, una mejor versión y una mejor manera de comunicar.

Recuerdo unos ejercicios que nos dio después del primer intensivo *Vuélvete imparable,* que fui con él.

Había que trabajar durante cuatro semanas unos ejercicios para el reacondicionamiento para el éxito.

Lo repetí durante tres meses seguidos y había una parte que nunca me salía. Las otras sí, pero esa no. Esa era la más floja y, sin embargo, para mí las más importante.

Al ver que no había manera, me frustré. Me frustré conmigo misma, me enfadé, pataleé y me dije de todo. Hasta que dije: "basta", "pon solución" y "haz algo".

Y así fue como encontré a Alberto. Lo vi y, en el primer instante, supe que era él. Yo quería hablar como él, quería expresarme como él y quería ver la vida como él la estaba viendo y experimentando y, así, empezó nuestro proceso de *coaching*.

Me sentí identificada con él en muchos aspectos y me dije: "quiero que sea él. Él es el que estaba buscando". Le di las gracias por encontrarme o por encontrarlo yo a él.

Volvemos a lo mismo: ¿quién encuentra a quién?

Nos encontramos por vibración y nos encontramos por la misma frecuencia, como cuando buscas una emisora de radio o en dos radios en el mismo sitio.

Buscas la misma frecuencia.

¿Por qué buscamos la misma frecuencia?

¿Quién lo sabe? Buscamos la misma frecuencia para sentirnos bien, porque cuando estás con alguien en la misma frecuencia te sientes bien. Sin embargo, cuando no estás con alguien en la misma frecuencia te sientes incómodo, sientes que no encajas, sientes que no estás cómodo, que no sabes qué decir y solo quieres salir de ahí. Solo quieres correr, huir y empezar en otro lugar.

Aprender a gestionar tu vibración es un punto superimportante. Tu vibración está construyendo tu vida. Tu vibración está dando y trayéndote los resultados que tienes en tu vida.

¿Y cómo se crea tu vibración?

Por tus creencias, por tus pensamientos y tus emociones.

¿Y de dónde vienen?

Ahí está el problema: que no las vemos y, a veces, ni las sabemos. Viene del subconsciente, del tuyo propio y del colectivo, así que depende también mucho de con quién te estés juntando y de con quién estés compartiendo tu vida.

Nos atraemos por vibración, nos atraemos por causa y efecto y nos atraemos por nuestros pensamientos.

Estamos todos conectados, aunque vivamos muy lejos y aunque no nos podamos ver.

Eso es así y está comprobado por la ciencia.

Aquí no voy a poner nada de todo eso. Ya está explicado en otros libros. Si queréis saber más, solo tenéis que leer y practicar *La voz de tu alma*. Laín lo explica muy bien y con sencillez para que se pueda comprender y practicar.

Yo aquí os voy a contar mi experiencia, mi realidad y mi sintonía, así que, si estás leyendo este libro, estamos sincronizados. ¡Mira qué bonito!

Gracias, gracias y gracias por elegirme y gracias también por haberte elegido yo a ti.

Nos hemos elegido, nos hemos unido por vibración, nos hemos unido por energías en movimiento.

Gracias, mi querido valiente creador de sueños y estrellas.

Hacemos camino juntos. Estamos construyendo y creando camino juntos.

Espero y deseo conocerte, conocerte un día y poder darte un abrazo.

Los abrazos. Los abrazos son sanadores y los abrazos alargan la existencia.

Un abrazo dado con todo el corazón puede regenerarte. Un abrazo tiene que durar más de siete segundos para que conectes con la otra persona y un abrazo tiene que durar más de siete segundos para una conexión total.

¿Te acuerdas de los tipos de comunicación?

Pues un abrazo es una conexión total.

Y se tiene que dar juntando un corazón con el otro y se tiene que dar de derecha a derecha. Eso es dar un verdadero abrazo.

¿Cuántos abrazos has dado así en tu vida?

Un consejo: da muchos abrazos así. Da todos los abrazos así y verás grandes cambios en tu estado de ánimo.

EMPIEZA EL VIAJE

Escribe tu historia, recorre, para, respira y observa sin prisa paso a paso y en silencio, explora, descubre, conecta y ríe. Sí, ríe.

Es necesario aprender a adaptarnos al ritmo de cada situación y de cada persona como si bailásemos una danza o un *pas a deux*. Cuando conseguimos encontrar el tempo, todo fluye y se vuelve más fácil: una conversación, una relación, el juego del amor y, también, el dolor. Todo tiene su tiempo y aceptarlo nos permite formar parte de esta hermosa armonía.

Jaume Soler Lleonart.

VIDA = VIAJE

NOSOTROS = VIAJEROS

LAS SITUACIONES = LOS PAISAJES

LAS CRISIS = EL DESIERTO EMOCIONAL

LAS EMOCIONES = LOS COLORES DEL PAISAJE

LOS RECURSOS = EL EQUIPAJE

QUIÉN NOS ACOMPAÑA = LOS COMPAÑEROS DE VIAJE

MIEDO O AMOR

Hay dos fuerzas, dos energías, dos realidades, dos estados, dos movimientos y dos movimientos que son iguales por qué.

MIEDO = AMOR AMOR = MIEDO

Para entender esto hay que vivirlo.

Ya llevamos viajando varios tomos, mi querido valiente creador de sueños y luz.

Sabéis cómo he conseguido escribir esta trilogía y cómo he conseguido crearla gracias a mis miedos. Sí, gracias a escuchar mis miedos, vivirlos, acompañarlos, gestionarlos y transformarlos en amor.

Sin amor y sin miedo no hubiese podido realizar esta trilogía. Sin miedo y sin amor no hubiese podido crear mis exposiciones. Sin miedo y sin amor no hubiese podido vivir.

Vivir implica amor y miedo.

Si algo he aprendido en mi vida o el aprendizaje más grande de mi vida, es que…

El miedo viene para mostrarte el amor. Es el amor que sientes y, claro, el amor, a veces, también te hace sentir miedo.

Volvemos a dejar espacio para tu aprendizaje o tus aprendizajes.

La vida es movimiento, es cambio continuo, es…

La vida es lo que tú quieras que sea.

Mis aprendizajes:

1 -

2 -

3 -

4 -

5 -

6 -

7 -

8 -

9 -

10 -

Mi aprendizaje: he aprendido que sin miedo no puede haber amor y que sin amor no puede haber miedo.

Cuántas veces te ha gustado alguien y nunca le has dicho nada por miedo, aunque, en realidad, te morías de amor por decírselo y te has callado. Has callado lo que sentías. Has sentido que no te atrevías a decirlo. O, tal vez, llevas mucho tiempo queriendo ver a alguien y, cuando lo ves, eres incapaz de pronunciar palabra.

Pues ahí es donde está el miedo y el amor. ¿Veis que es lo mismo?

Gestión. Lo que hay que aprender es a gestionarlo y a identificarlo.

Un miedo, es todo un reto. Un miedo es crecimiento continuo.

Un miedo paraliza, asusta, bloquea y te hace sufrir, pero también te hace crecer, te hace conocerte, te hace ser consciente de lo que tú quieres, te hace ser más fuerte, te hace moverte siempre. Y, cuando aceptes este miedo, lo reconozcas, lo ames, y actúes para poder darle la vuelta a ese miedo, es cuando el amor.

Escucha. Escucha a tu miedo.

No me cansaré de decirte en esta trilogía que escuches a tus miedos, porque detrás de ellos está tu bendición.

Detrás de ellos está tu crecimiento y detrás de ellos está tu herida. Tu herida raíz y tu herida original y, hasta que no superes, aceptes y ames esa herida, tus miedos seguirán estando ahí controlando tu vida.

Los miedos son grandes maestros. Los miedos son grandes consejeros si aprendes y si aprendemos a identificar los miedos reales y los miedos imaginarios.

¿Qué estás pensando sobre esa situación?

¿Qué estás pensando sobre ti?

Amor

¿Y el amor?

El amor es superar ese miedo. El amor es ser capaz de superar ese miedo y es ser capaz de escuchar tu miedo y convertirlo en amor.

Es pasar de negativo a positivo. Solo tienes que darle la vuelta. Por ejemplo, un "–" es un menos. Si a este "–" o palito le das la vuelta así "/", se convierte en un "+". Conclusión, menos es más.

Te has dado cuenta de que "menos, es más". Esta norma, en los fotógrafos, es muy común: menos, es más.

Más vale menos fotos, pero buenas que no muchas o todas malas.

Menos es más siempre. Lo simple es mejor que lo complicado.

Seguimos con el amor, que ya me he vuelto a desviar.

El amor. Para sentir amor, como he dicho, primero tenemos que sentir miedo o ¿es al revés?

¿Qué viene primero? ¿El miedo o el amor?

Miren, mis queridos valientes, mi miedo más grande siempre ha sido a expresarme. Expresarme me paralizaba, me hacía ponerme muy nerviosa, esconderme y huir de lo que sentía. Expresarme me hacía pensar que no era capaz de hacerlo correctamente.

Una creencia. El daño que hace una creencia y también lo grande que es una creencia cuando te ayuda.

Volvemos a miedo y amor.

No dejes de soñar en grande, porque tú eres grande.

Tú eres tu propia estrella y tu propia luz.

Quiérete a ti.

Por eso creo y siento que mi misión es expresarme o que mi misión es hacer que mi voz sí importe. Mi misión es seguir teniendo y creando paz en la mirada y en tu mirada.

Mi misión es seguir, cada día, superando mis miedos y convertirlos en amor.

Cuando venga un miedo di o dite: "¡qué guay! Aquí hay un obstáculo" o "aquí hay algo que aprender y algo que superar o un aprendizaje brutal".

El amor.

El amor es energía. El amor es una emoción. El amor es un instante que se puede hacer eterno. El amor son todos esos momentos que estás en paz.

El amor son todos esos instantes que vives intensamente. El amor son todos esos instantes en que se te eriza la piel. El amor son todos esos momentos que dejas ir.

Sí, dejar ir. Dejar ir es un gesto realmente de amor.

Aunque a simple vista, quizás para algunos de vosotros, sea todo lo contrario.

Pero dejar ir es un gesto más generoso que el de amar.

Porque querer no es lo mismo que amar.

Amar es dejar ir.

Es como un amanecer. Un amanecer no pertenece y un amanecer tienes que dejarlo ir para disfrutarlo.

Un amanecer tienes que dejarlo que sea.

Tienes que dejar que ese amanecer sea y que pase.

Igual que un atardecer, también tienes que dejar que sea.

Pues eso es amar. Tienes que dejar que sea.

Tienes que dejar que todo pase y que todo sea.

La dificultad es solo una falta de entrenamiento.

Por eso hay que entrenar. Hay que entrenar cada día y entrenarte bien. Entrenarte para aprender. Aprender a saber qué quieres, a saber qué necesitas, a saber qué cosas ya no necesitas, a saber dejar ir y aprender a dejar llegar.

RENDICIÓN

A veces, cuando no sabes qué más hacer, cuando no encuentras salida, cuando ya no tienes más recursos, cuando pierdes la fe y cuando pierdes la esperanza, llega la rendición, llega el vacío, y llega el silencio.

¿Sabes lo que se siente cuando te sientes atrapada, cuando sientes que no sabes qué quieres o, si lo sabes, no haces nada para conseguirlo, sino que haces todo lo contrario a lo que quieres hacer?

En esos momentos recuerda. Recuerda momentos en los que hayas perdido la esperanza y luego siempre ha sido mejor de lo que esperabas. A veces pasa que queremos los resultados ya y los resultados van a otro ritmo. Los resultados necesitan de su tiempo para poder materializarse y por eso es importante la paciencia.

Enfócate en lo que funciona, enfócate en lo que sí has hecho bien y enfócate en lo que realmente haces.

Y lo que no haces, solo escúchalo. Escúchalo y descubre qué creencia te hace no hacerlo.

¿Qué escondes?

¿Qué hay detrás?

Recuerda el miedo.

¿Qué hay detrás del miedo?

El cerebro. Detrás del miedo está tu cerebro. Ya te he dicho que tienes que adaptar tu cerebro a tu sueño.

Porque, aunque tú quieras una cosa, si tu cerebro no lo quiere, probablemente no lo consigas.

Porque el cerebro busca protegerte y tu cerebro busca la supervivencia.

Tu cerebro quiere vivir. Por eso, nuestro trabajo en esta trilogía es unir cerebro y corazón.

Es lo que trato de explicarte durante toda la trilogía.

Unir cerebro y corazón.

Muchas veces, muchísimas he querido algo mi corazón ha querido y mi cerebro no.

Lo mismo, pero, al contrario, mi cerebro ha querido algo y mi corazón no quería eso.

Saber diferenciar una cosa de otra es lo que va a permitir que llegues a ti, a tu centro y a esa comunicación. Esa comunicación contigo mismo, esa comunicación con tus órganos principales, tu cerebro y tu corazón.

Están unidos. En nuestro organismo está todo unido. Somos uno con muchos y muchos órganos, células y neuronas. De todo. Tenemos de todo. Estamos superequipados.

Venimos equipados de serie, venimos equipados de origen y venimos equipados con todo incluido.

Todo.

Miedo y amor.

Tenemos miedo y amor.

Tu cerebro tiene miedo y tu corazón amor.

Diálogo. Dialoga entre ellos.

Es una tarea intensa, es una tarea algo agotadora y muy gratificante una vez lo consigues.

Esa comunicación te va a permitir todo. Te va a permitir ser coherente, ser integro, ser responsable y ser todo lo que eres.

Esa conexión te va a permitir ser tu centro.

Llevar el mando de tu vida para poder crear tu propia estrella y tu propia luz.

Si no piensa y acuérdate de alguna ocasión en la que has conseguido lo que querías.

Estoy convencida y casi segura de que tu cerebro y corazón estaban de acuerdo. Estaban en total sintonía.

Cuando esto sucede aparecen los milagros y surge la magia.

Espera, agradece antes de que algo suceda y sucederá. Ahora ten miedo. Ten miedo de que algo suceda y sucederá igual.

Experiencia propia de mi propia cosecha.

Siempre hablo de mi experiencia. Siempre hablo de mi historia y de como yo la he vivido.

Unir esa energía te va a permitir cumplir todos tus sueños.

Todos.

Ser valiente. Ser valiente es eso. Es tener la confianza y el valor de escuchar a tu cerebro y de escuchar a tu corazón.

Es tener el valor de ser verdaderamente valiente y de decirte la verdad.

La verdad de lo que estás sintiendo, la verdad de lo que quieres vivir y la verdad de tu historia.

Historia. ¿Qué es una historia?

Es una disciplina que estudia y expone, de acuerdo con determinados principios y métodos, los acontecimientos y hechos que pertenecen al tiempo pasado y que constituyen el desarrollo de la humanidad desde sus orígenes hasta el momento presente.

Conjunto de estos acontecimientos y hechos, especialmente los vividos por una persona, por un grupo o por los miembros de una comunidad social.

La manera en la que nos contamos nuestras historias crea pensamientos, crea sentimientos y crea comportamientos.

Según nuestra experiencia, así nos vamos a comportar.

El comportamiento humano está guiado por esto. Por lo que nos contamos de las experiencias.

La misma experiencia para alguien puede ser muy buena y para otra persona puede ser todo lo contrario. Lo que para una persona es amor, para otra es miedo.

Así que, depende de cómo nos estemos contando la historia, depende de en qué nos estamos enfocando y depende de tantas y tantas cosas.

Cada situación, cada experiencia y cada suceso lo vivimos según nuestros pensamientos de eso momentos o de esos instantes.

Entonces, por eso, lo más importante es saber escuchar a tu cabeza. Saber escucharla atentamente para poder comprenderla, aunque, quizás, tampoco sea necesario comprenderla.

Quizás, tan solo sea necesario saber escucharla, saber respetarla y saber qué creencia te hace pensar así.

Saber atender sus necesidades y que esas necesidades lleguen a un acuerdo en tu corazón, en tu sentir y en tu saber ser.

Ser es aceptar todo lo que eres, es aceptar todo lo que es y es aceptar para poder continuar.

El camino del autoconocimiento necesita tiempo, artesanía y saber amar.

Ama. Une. Crea.

Conoce, sé flexible y crea diversidad.

No cortes aquello que puedas desatar.

Construye confianza y crea confianza.

Las tres funciones de la comunicación.

Informar, formar y conectar.

Olvídate del juicio y conecta con tu propósito.

Tenemos superpoderes infiltrados. Debemos conectar con nosotros mismos y con nuestro entorno.

Lo más revolucionario es conversar.

Tu mensaje tiene que ser claro y orientado a objetivos.

Tu visión será más clara cuando mires en tu corazón.

Quien mira fuera, sueña. Quien mira dentro, despierta.

LA GESTIÓN DE LOS SIGNIFICADOS

LAS PALABRAS

¿Qué emociones mueven unas y otras palabras?

¿Qué impacto tienen las palabras llenas de reconocimiento y ánimo?

¿Nos gusta recibirlas?

¿Qué palabras forman parte de nuestro diccionario diario?

¿Qué palabras utilizamos con nosotros mismos?

¿Qué palabras utilizamos con los otros?

La palabra es una fuente de energía y la palabra es igual a energía en movimiento.

La palabra es una fuente de energía que puede crear o destruir.

Es importante comprender el diccionario que tú tienes en tu interior, el diccionario de palabras que te dices a ti mismo y las palabras que les dices a los demás.

Hay que consensuar el significado entre varias personas para evitar el conflicto. El contexto completo ayuda a la realidad. El contexto es importante y solo si lo vivimos lo comprendemos.

El significado de la palabra lo entiendes cuando tienes la experiencia. Los silencios son muy importantes. El silencio te cuenta cosas.

Lo que decimos debe tener raíz en el silencio, en el pensamiento reflexivo y en el corazón.

¿Cómo vamos a elegir lo que mejor nos conviene si ignoramos lo que de verdad necesitamos?

¿Por qué nos extrañamos entonces de que haya tantas personas que se sienten infelices?

¿Escuchamos las enseñanzas que nos murmura nuestra sangre?

Existe una conexión entre pensamiento y palabra y entre mentalidad y fisiología del ser humano.

Un solo minuto entretejiendo pensamientos negativos deja a nuestro sistema inmunitario en una situación delicada durante seis horas.

La comunicación asertiva, pacifica o desde el corazón requiere voluntad, tiempo, esfuerzo y mucho amor a la vida.

Y es un arte que hay que crear cada día, cada minuto y cada segundo.

El arte de apreciar lo que está pasando. El arte. El arte de ser, de estar presente, de mantenerse en el aquí y el ahora, de vivir con sentido, de vivir con agradecimiento, de vivir a través de palabras que te hagan crecer, de palabras que te hagan ser cada día un poquito mejor que ayer y de palabras que te hagan expresar lo que hay en tu corazón.

La palabra puede nacer de un silencio lleno de reflexión o puede aflorar del pozo de la inconsciencia donde a veces se cría y crece.

La palabra cuando parte del silencio suele ser precisa y coherente. Es hija de la verdad que cada uno de nosotros lleva en su interior. Cuando procede del miedo se transforma en un dardo que hiere a quien se cruza en su camino.

La palabra vive en nosotros y nos construye. Todo lo que vivimos, recibimos de pequeños, la manera y la forma en la que se han comunicado con nosotros, afecta a nuestra autoestima y a nuestra valoración sobre nosotros mismos y los demás.

Abrir la mente ante nuevos territorios, abrir la mente hacia nuevos caminos, abrir la mente hacia nuevos pensamientos de amor es lo que va a hacer poder construir una base. Una base nueva y diferente. Una base en la que las palabras surjan desde lo más profundo, desde el corazón y desde la reflexión y el autoconocimiento. Eso es abrir a nuevas posibilidades, es abrir a nuevos territorios y es amplitud. Amplitud de enfoque, de creatividad y de empezar una nueva historia contigo mismo y con los demás.

Las palabras que abren caminos son palabras de amor, de esperanza, de posibilidad, de entusiasmo y sabiduría interior.

Haz que tus palabras sean las que construyan. Haz que tus palabras lleguen a tocar y que lleguen a crear algo mágico y sorprendente.

Sorpréndete a ti mismo para sorprender.

Déjate sorprender por la vida, por el amor, por las nuevas amistades, por nuevos caminos, nuevos territorios y amplia tu visión. Amplia y déjate ampliar.

Permítete vivir de forma distinta, permítete vivir de una manera extraordinaria y permítete sentir de forma distinta.

Como dice Sergio Sinay: "un lenguaje consciente es un lenguaje responsable".

Las palabras nos penetran y hacen mella en la memoria emocional.

Por eso, es importante darse cuenta de qué palabra decimos y si son palabras dardo o palabras conscientes dichas desde la reflexión y el silencio.

Las creencias forman una parte importante, por no decir la más importante.

De lo que crees sale tu palabra, tu actitud, tu conducta y de ahí obtendrás un resultado u otro.

Por eso, es importante conocer las creencias, darnos cuenta de que nos hacen actuar a nuestro favor o en contra. Debemos saber qué creencias son responsables de nuestros resultados y qué significado les estamos dando.

El significado que damos a nuestras creencias va a depender del grado de autoconocimiento que tenemos de nosotros mismos y del grado de responsabilidad que tengamos.

La responsabilidad sobre nosotros, sobre los demás y sobre el mundo. El taburete de las tres patas.

Primero nosotros cuidamos de nosotros, nos hablamos bien y pensamos bien sobre nosotros.

Hay que cuidar e identificar creencias distorsionadas, pues puede dar lugar a una distorsión del autoconcepto y a una baja autoestima. Todo esto mal gestionado puede ocasionarnos muchos problemas y pueden inmovilizarnos y hacernos actuar violentamente.

Para mejorar todo esto lo que debemos hacer es mejor detectar nuestra manera de comunicar y empezar a hacer. Debemos construir mejoras en los puntos que debamos mejorar asumiendo la responsabilidad de nuestra comunicación de forma asertiva.

Voy a mostrar algunos ejemplos de palabras adaptativas y palabras no adaptativas.

No es lo mismo decir "no tienes ni idea" que decir "te pido que des argumentos cuando afirmas algo".

No es lo mismo decir "no hables si no te preguntan" que decir "te agradecería que esperaras a que te preguntara antes de hablar".

No es lo mismo decir "es demasiado complicado para ti" que decir "es difícil, pero voy a intentar explicártelo".

No es lo mismo decir "me has decepcionado mucho" que decir "me siento decepcionado por tu conducta. Sé que puedes mejorarla".

No es lo mismo decir "me has tenido muy preocupada. Por tu culpa he pasado la noche sin dormir" que decir "esta noche me he sentido muy preocupada por tu ausencia. Te pido que me llames si te retrasas por algo".

No es lo mismo decir "nunca aprenderás" que decir "estoy convencida de que vas a aprender si dedicas tiempo y esfuerzo".

No es lo mismo decir "no sirves para nada" que decir "si te entrenas llegarás a mejorarlo".

No es lo mismo decir "eres un desastre" que decir "te animo a intentarlo de nuevo".

No es lo mismo decir "eres muy agresivo" que decir "tienes derecho a estar enfadado, pero no a pegar".

No es lo mismo decir "mientras vivas aquí tú no opinas y harás lo que yo te ordene" que decir "te pido que respetes las normas de convivencia".

Toda comunicación es el puente con dos direcciones que permite intercambio y el encuentro.

Es importante incrementar el uso de preguntas ya que nuestra comunicación funciona con filtros mentales. Pueden ser preguntas exploradoras, preguntas contaminadoras y preguntas clarificadoras. Las preguntas pueden ser las respuestas si están bien formuladas. Una comunicación no violenta se convierte en una comunicación pacífica que permite crear relaciones de mayor calidad donde la empatía está presente. Se respeta la individualidad y cada persona asume su propia responsabilidad. Para eso hay que crear un espacio de protegido de respeto, atención y silencio donde cada uno puede ser uno mismo con el otro.

Así no se desgastan energías porque estaremos hablando de energías limpias, sostenibles y renovables. Todo esto reduce el nivel de conflictos y conductas violentas y, por tanto, también la tasa de sufrimiento humano global.

Sin comunicación no es posible construir una relación. No es lo mismo una relación que un vínculo.

Nos colocamos máscaras de fortaleza, de superioridad, de seguridad y de dureza en un intento de mostrarnos como no somos o para no dejar entrever nuestra vulnerabilidad. Hay una falta de sinceridad al esconder lo que en realidad pensamos para que el otro nos apruebe o para dejar de discutir. Escondemos lo que sentimos para no tener que afrontar los conflictos o ser heridos o escondemos lo que realmente queremos para evitar la crítica y el juicio del otro. Todo eso nos deja sin ningún tema que compartir. Por miedo a ofender, a herir o desagradar no se expresa el dolor, la tristeza, la inseguridad, la ira y la decepción.

Escucharse para conocerse mejor.

Escucharse es reconocer que somos personas que merecen ser atendidas en sus necesidades y es respetar nuestra esencia y el saber cuidar de uno mismo.

Escuchar para conocerse.

Conocerse para poder confiar en uno mismo.

Confiar en uno mismo para salir de la zona conocida y de la rutina.

Salir de la rutina para arriesgarse a explorar los territorios inciertos del vivir.

Explorar para comprender y aprender.

Aprender para crecer y vivir conscientemente.

Escuchar implica un acto de voluntad consciente para captar determinada información.

En el arte de la escucha se nos enseña a abrir las puertas interiores que nos permiten acceder a la cámara de nuestros tesoros, sentimientos, recursos, sueños y sabiduría.

Es clave, para escuchar, entrenar la atención plena.

El lóbulo frontal representa el 40 % del total del cerebro. Cuando estamos concentrados se centra en lo que nos interesa y elimina todo lo que no es prioritario.

La meditación, la plegaria, la contemplación, la música, la respiración consciente o la visualización son métodos para conseguir el nivel de atención y concentración necesario para poder escucharse con claridad y comprenderse realmente.

Antes de la palabra fue el silencio y es del silencio de donde emergen las palabras con sentido.

Es necesario dominar el arte del silencio para practicar la escucha atenta que nos permitirá reconocernos y cuidarnos.

Una mente silenciosa, sin oleaje permite ver con trasparencia lo que alberga bajo la superficie.

Lo que no decimos, lo que callamos o no atendemos, puede ser tanto o más significativo que lo expresado. Si no escuchamos lo que no decimos, ¿cómo vamos a decir lo que pensamos?

El pensamiento mueve emociones y las emociones conductas.

Nuestros resultados están condicionados por nuestros filtros mentales. Es preciso asumir la responsabilidad de nuestra vida y tomar conciencia de hacia dónde focalizamos nuestra energía.

Viajamos por la vida con historias muy diferentes, con casas mentales y emocionales de diseños variados.

Las palabras pueden transformar los jardines interiores en obras de arte, pueden adornar todos los rincones de la casa de la mente con vida y luz o bien pueden ensombrecer la vivienda y convertir los jardines emocionales en desiertos.

Nuestro lenguaje, cuenta para nosotros y cuenta para los demás.

¿Cómo podemos utilizar la palabra?

El lenguaje tiene poder y es energía.

Construir desde la primera persona o desde el yo para tener responsabilidad.

Al perder las palabras se pierden los matices.

Para una buena comunicación y gestión del significado:

1- Humildad como base.

2- Conecta con el PEA (pensamiento, emoción y acción).

3- Principio del respeto.

4- Principio de responsabilidad.

5- Valora el impacto a tres niveles: yo, los demás y el mundo.

6- Elige la palabra adecuada y precisa.

7- Utiliza el adjetivo positivo.

8- Evita juicio de valor.

9- Pregunta.

Utiliza asertividad y verbos de crear.

Incluye a las personas.

Un lenguaje sencillo honesto personalizado.

¿Qué es un conflicto?

Un conflicto es inevitable y forma parte de la vida.

Y nos da una gran oportunidad de crecimiento.

Las dos realidades son válidas. Son puntos de vista donde no existe una única realidad, sino que, lo que existen son dos percepciones diferentes. Las de cada persona y cada uno la suya.

Los conflictos necesitan su tiempo para reflexionar.

Del silencio surgió la palabra.

El hombre es un producto de la evolución y de la adaptación al entorno.

Es importante escuchar al otro. ¿Qué necesita?

Para eso hay que tener obertura, resolución, estabilidad, flexibilidad y concentración.

Gestión de significados

Para una nueva gestión de significados es importante cambiar la mirada.

Cuando pasa algo importante, márcalo para que el alma sepa que está pasando algo importante.

Lo que cambia todo es la mirada.

En el respeto está en el conocimiento.

La base de la confianza está en la pertenencia.

¿Cuál es tu sitio?

¿Qué significado le estás dando a tu vida y a ti?

La respuesta está en tu corazón, en tus silencios, en tu experiencia y en tu vida.

Haz que tu vida tenga un significado de construcción, un significado de gratitud y un significado de palabras puente, palabras de unión y palabras de amor.

Crea un nuevo significado para ti. Uno que motive a la acción y uno que motive a construir la vida en el significado que tú quieras construir.

LA GESTIÓN DE LOS INTANGIBLES

Para conseguir libertad personal precisamos de la autocrítica y de la capacidad y el valor la valentía del autoconocimiento. Es preciso explorar la base de nuestro iceberg repleto de intangibles que no se ven en la superficie: expectativas, creencias, deseos, sueños, experiencias emocionales y recuerdos, emociones, ilusiones, fantasías... Como decía *El Principito*: "Lo esencial es invisible a nuestros ojos".

¿Se pueden medir las emociones? ¿Cómo se miden los intangibles?

Los intangibles y las emociones se pueden medir, observando las acciones, observando las reacciones, observando comportamientos y observando como reaccionas. También observando cómo sientes, lo que te paraliza, lo que te hace moverte, lo que te hace sacar conclusiones y lo que te hace medir.

¿Cómo medir todo lo que no se ve?

Sintiendo. Sintiendo lo que estás sintiendo y con un scanner emocional. Tienes que identificar qué sientes, qué crees, qué creencia es la que está haciendo moverte o quedar paralizada, qué creencia te hace crear nuevos recursos o nuevos caminos, qué creencia te abre puertas, qué creencia te cierra puertas y qué creencia deja la puerta abierta sin cerrar.

Hay que ser creativo para medir lo emocional. ¿Se puede? Yo creo que sí.

¿Cómo? Eso ya depende de cada uno. Cada uno tiene que ser capaz de medir su iceberg. Todo aquello que no se ve o que no se deja ver. Todo aquello que, aunque no se vea, se siente.

Nuestro capital emocional es una protección frente a la incertidumbre. Lo inesperado, sobre todo si representa obstáculo en nuestro camino, genera desequilibrio y caos emocional.

En estos casos es importante saber manejar y conocer bien el capital emocional del cual disponemos. Para poder dar respuestas mejores y no actuar con reacciones sino con acciones diferentes y con acciones conscientes.

La confianza en nosotros mismos es, sin duda, uno de los elementos clave.

Encontrar tu confianza y encontrar la confianza. La confianza es lo que te va a dar la fuerza de acción.

Es lo que te va a hacer moverte. Es lo que te hace confiar y hacer. Hacer y confiar.

Dar un rayo de luz y seguir nuestro camino.

"La enseñanza que deja huella no es la que se hace de cabeza a cabeza, sino de corazón a corazón".

HOWARD HENDRICKS.

Aportar luz a los demás para que vean y definan su camino.

La misión de nuestra vida es generar nuestra propia luz y cuidar de que nunca se apague.

La autonomía personal es un valor importante y creo que imprescindible. Crear autonomía personal es fundamental para llevar una vida satisfactoria y sin apegos.

Generosidad para desprendernos e inteligencia para saber cuándo es el momento de soltar el hilo de la cometa y permitir que la otra persona vuele por los aires como se espera que haga, libre y sola.

Hacer bien nuestro trabajo. Seguir nuestro camino para que ellos puedan seguir el suyo.

El hijo de Pilar y Daniel Weinberg fue bautizado en la costanera.

Y en bautismo le enseñaron lo sagrado.

Recibió una caracola:

"Para que aprendas a amar el agua".

Abrieron la jaula a un pájaro preso:

"Para que aprendas a amar el aire".

Le dieron una flor de malvón:

"Para que aprendas a amar la tierra".

Y también le dieron una botella cerrada:

"No la abras nunca. Nunca. Para que aprendas a amar el misterio".

EDUARDO GALEANO.

REFLEXIÓN-ACCIÓN

"El premio es apostar por nosotros mismos. Nos decimos que, aunque no sabemos qué vamos a encontrar, hallaremos en nuestro interior los medios para dar las mejores respuestas y, si hace falta, buscaremos ayuda, crearemos sinergias, construiremos las mejores soluciones, juntos. Este es el mejor premio".

MERCÈ CONANGLA Y JAUME SOLER.

Si tuvieras que atravesar por un lugar incierto, ¿qué intangibles elegirías?

1 -

2 -

3 -

4 -

5 -

6 -

7 -

8 -

9 -

10 -

Los intangibles, al final, se acaban materializando en algo. La fuerza siempre proviene del intangible.

Los intangibles te conectan a una fuerza determinada.

La intuición es poderosísima.

Los intangibles forman parte de nuestro capital emocional.

Porque el capital emocional marca la diferencia en las relaciones personales. Solo si conocemos nuestros intangibles podemos conocer el de los demás. Para poder ajustarlos y no tener un conflicto.

Encuentra tus recursos.

La generosidad es importante en las relaciones. No existe generosidad sin amor y el amor sin generosidad.

Es importante detectar el intangible del otro y el conocimiento de tu intangible para conocer el del otro.

Elige el amor como fuerza creadora.

Debes saber gestionar los intangibles para relacionarte ecológicamente con los demás.

¿Qué favorece el vínculo con el otro?

¿Qué huella estás dejando tú?

Cuando tienes un logro, detrás de este, están los valores y la autenticidad es un valor. Una cosa es lo que muestras y otra lo que eres.

Pasar a la acción con coherencia es ser honesto y congruente contigo mismo y con los demás.

Transforma tu deseo en objetivo.

¿Qué esperas de la vida?

Hay cosas que se ven con los ojos y hay cosas que se ven con el corazón.

LAS EXPECTATIVAS

Las expectativas son importantes. Te preparan para la frustración. La frustración a veces llega de sorpresa.

Lo que tú deseas que suceda no es una expectativa. Es un deseo.

Una expectativa que no se cumple nos genera decepción. La decepción es una sorpresa que no esperas y, entonces, llega la frustración. La frustración no es más que ira que nos provoca que no se hayan cumplido las expectativas.

Nos influyen nuestras expectativas y las de los demás.

Es muy importante ver donde ponemos el foco a la hora de relacionarnos con los demás.

Enfócate en lo que necesita la otra persona. ¿Qué ha hecho bien esta persona en este último año?

Cambia las expectativas respeto al otro y las del otro también cambiarán.

Para eso es necesario conocer al otro.

El cerebro está programado para recibir y aprender aquello para lo que está preparado.

El cerebro percibe en función de lo que espera recibir.

Es importante ajustar las expectativas que queremos recibir.

La satisfacción es igual a la realidad, a pesar de las expectativas que tú tienes.

El ajuste de nuestras expectativas ayuda a alinear nuestro eje y a actuar. A ser congruente.

Tener una expectativa ajustada.

Cuida de tu autoestima con autoconocimiento. Si tú sabes quién eres, tú te puedes valorar.

Es importante ver más allá de lo que vemos. ¿Dónde estás poniendo el foco?

¿Qué esperas de la vida?

¿Qué espero yo de mí mismo?

¿Qué esperas de los demás?

¿De la vida?

La vida es dar.

¿Qué das?

Lo que te das a ti mismo es lo que das.

¿Qué haces para que tus expectativas se cumplan?

¿Qué conducta creadora utilizas?

Los estímulos que nos provienen de afuera son importantes. Es importante saber manejar, saber gestionar lo que no nos gusta tanto y también saber gestionar lo que nos gusta.

Equilibrar. Equilibrio constante, buscar, encontrar tu centro y mantenerte en él pase lo que pase fuera. Eso es gestión emocional y eso es conocerte. Esto es saber quién eres y eso es ser emocionalmente ecológico. Responsabilidad personal.

Crea el vínculo que quieres sentir.

Lo que permitas será lo que recibas. Todo lo que hacemos y lo que no hacemos crea un impacto.

¿Qué consigue la generosidad en el mundo?

La generosidad como valor. Ser generoso es no tener miedo. La generosidad es abundancia. Yo comparto lo que soy y lo que tengo.

Haz tu pequeño viaje hacia tu generosidad. La generosidad ayuda a tener más oxitocina. Inspira. Innovamos y estamos más felices.

¿Cuáles son los beneficios de dar y recibir?

¿A qué contribuyes tú?

Paradigma. El paradigma es igual a tus creencias. Cambia tus creencias y cambiará tu vida.

Define acciones, crea conciencia y actividades pequeñas para aportar valor o para crear impacto positivo.

¿Qué podemos compartir? ¿Qué intangible podemos compartir?

ECOLOGÍA EMOCIONAL Y SALUD

Nosotros escribimos nuestra historia. Tenemos que ser conscientes de esto y de que nosotros somos los responsables de la vida que estamos viviendo.

Por lo tanto, somos los responsables de cuidar nuestra salud. Y bienestar emocional, psíquico, físico y espiritual.

¿Somos personas resilientes ante la adversidad?

¿Tú eres resiliente?

Resiliencia – propiedad de algunos metales por la que, a pesar de que se deformen al ser sometidos a una gran presión y poseen la capacidad de recuperar su forma inicial.

Resiliencia emocional – capacidad que desarrollan algunos seres humanos de mantener su esencia intacta a pesar del impacto que provoquen en su vida hechos altamente traumáticos y dolorosos. Son capaces de triunfar y continuar con una vida productiva, creativa y con sentido.

Yo sí me considero resiliente. Me considero resiliente porque, una vez que te das cuenta de que tú eres el responsable de tu vida y coges las riendas de ella, sabes que de tu actitud depende el grado de sufrimiento que vas a vivir y que de tu actitud depende si te recompones o te quedas toda la vida enganchado a un dolor, a un recuerdo, a una situación que ya ha pasado o a una situación que simplemente se tiene que aceptar y amar.

Ser resiliente lleva un trabajo, lleva un entrenamiento y lleva un autoconocimiento de ti y de la historia que te cuentas sobre ello.

Ser resiliente es crear tu propia estrella. Es crear tu vida y decidir crear la vida que quieres vivir. Es decidir qué estás dispuesto a afrontar y qué no. Es decidir si quieres seguir viviendo desde el amor o desde el miedo. Es decidir si estás dispuesto a quererte o a elegirte. Es decidir si estás preparado para crear tu vida.

Es afrontar lo que ha pasado y decidir vivirlo de forma distinta, de forma asertiva y vivir las situaciones dolorosas y de pérdida de forma distinta.

A mí lo que me ayuda es vivirlo desde la gratitud. Vivir las situaciones más difíciles desde la gratitud. Como base de un aprendizaje para nuestra fortaleza, como base para sentir y vivir la experiencia. Como base para crecer y ser valientes. Como base para tener el coraje de amarte, a pesar de cualquier circunstancia.

Elegirte. Elegirte bien.

Saber quién eres, saber qué quieres y saber qué vas a hacer para vivir la vida que tú quieres vivir.

Y la única manera que conozco es creándola tú mismo. Así puedes crear tu futuro aceptando tu pasado.

Eso es ser inteligente y eso es ser consciente de ti y del milagro que es vivir. A pesar de la dificultad, de los inconvenientes, de las enfermedades y de las injusticias, si te paras y observas la vida te das cuenta de que hay más cosas buenas que malas solo que nos enfocamos más en las malas para sobrevivir.

Resiliencia es aprender a vivir. A vivir desde tu propia identidad, desde tu corazón, desde el alma, conectado a la vida, a la tierra, al aire, al agua, y a vivir intensamente con fuego. Vivir a través de todos los elementos: tierra, aire, agua y fuego.

Todos nos necesitamos los unos a los otros.

La enfermedad es una causa de tu sufrimiento.

Como dijo Ortega y Gasset: "Yo soy yo y mis circunstancias, si no las cambio a ellas no me cambio yo".

¿Qué circunstancias controlan tu vida?

Enfermamos cuando se rompe el equilibrio de nuestro sistema sea físico, mental, emocional o espiritual.

Enfermamos cuando otro ser invade nuestro territorio, cuando no sabemos dónde están nuestros límites o cuando no los respetamos. Enfermamos por descuido y por falta de amor hacia uno mismo y hacia la vida.

Cuando nos hieren ya no podemos "no haber sido heridos". Para poder vivir después de una herida, hay que integrarla, hay que aceptarla y sanarla para seguir creciendo y poder integrarla en nuestro tejido vital. Para conseguirlo, será necesario activar una serie de competencias para transformar el sufrimiento en energía útil y productiva. Hay que aprender a ser resiliente.

Sabemos que, entre el nacimiento y la muerte, hay una experiencia llamada "vida". Pero, ¿quién soy yo?

¿La experiencia o quien la experimenta?

¿Soy la enfermedad?

¿Soy una madre?

¿Soy un escritor, un banquero, una cajera, un psicólogo o un maestro?

Realmente, ¿quién soy yo?

¿Qué hago concretamente para cuidar mi salud en todas las áreas que me constituyen?

Espiritual, mental, emocional y física.

Y en área relacional, ¿cómo me relaciono?

¿Eres valiente, osado, generoso y flexible?

El viento cruza el desierto y también lo puede hacer el río.

Debes dejar que el viento te lleve a tu destino.

Debes consentir ser absorbido por el viento.

El viento cumple su función.

Eleva el agua, la transporta a su destino y la deja caer en forma de lluvia.

Entonces el agua vuelve a ser rio.

Se valiente y asume el riesgo.

Mi esencia es el agua, sea en el estado que sea. Al transformarme he podido continuar siendo yo mismo. De no haberlo hecho, me hubiera perdido.

La confianza es lo que nos da el valor que nos permite fluir y aprender.

"El dolor pasa, pero la belleza perdura".

(HENRI MATISSE)

"Lo que nos pasa, siempre pasa dentro. Al fin de cuentas, toda experiencia es interior".

(FERNANDO SABATER)

"Tal vez estemos haciendo algo mal. Tal vez estemos dejando sin educar una parte importante de la personalidad humana, precisamente aquella que debía capacitarnos para ser felices".

(JOSÉ ANTONIO MARINA)

Para utilizar algo, primero debemos conocerlo.

Es necesario aprender a adaptarnos al ritmo de cada situación y de cada persona.

A veces, la vida nos cambia el paisaje. En esos momentos es cuando hay que poner en marcha todos los recursos todos los conocimientos y todo lo que en ese momento pueda ayudarnos.

Todas nuestras capacidades puestas en marcha.

El sentido de nuestra vida y de nuestra muerte es la gran incógnita de nuestro viaje vital: la vida.

Nuestra propia vida.

Si nos entendemos es por pura casualidad. Si nos entendemos y si nos comprendemos es por pura generosidad cuando somos valientes de abrir las puertas de nuestro paisaje interior a otro ser humano. Y es el amor la llave que permite este acceso.

No es posible poder cuidar y ayudar a otro si uno mismo no es capaz de cuidarse y ayudarse a sí mismo.

El entrenamiento de las competencias emocionales y el trabajo de equipo entre mente y emociones nos permitirá adoptar actitudes más sanas y conductas más inteligentes y coherentes con nuestros valores.

Solo el contacto real y profundo con otro ser humano puede ayudar. En la relación de ayuda se inicia una relación creativa y profundamente transformadora que cambiará a las personas que la establezcan.

Quien posee recuerdos felices de la infancia está salvado para siempre.

Para activar la resiliencia en nuestros pequeños es necesario ofrecer equilibrio y armonía.

Relaciones basadas en la libertad responsable para un mayor crecimiento y mejora personal.

IMPACTOS EMOCIONALES

¿Qué es un impacto emocional?

¿Para qué viene?

Un impacto emocional está provocado por una emoción. Las emociones son el vehículo que une el inconsciente con la mente consciente.

La emoción es la señal. Es una señal que te avisa que hay algo que te ha causado un impacto.

Cada persona tiene un nivel de tolerancia distinto. Por eso, cada impacto es distinto en cada persona.

Hay impactos emocionales de dos tipos.

Está el impacto emocional súbito y el impacto emocional acumulativos.

El impacto súbito es el que se genera de golpe y el que se genera en un instante.

Sin embargo, los impactos emocionales acumulativos, son pequeños impactos emocionales que se van generando día tras día y estos son más difíciles de identificar.

A lo largo de mi vida he tenido muchos impactos emocionales. Por eso esta trilogía habla tanto de emociones, de sentimientos, de encontrarse a uno mismo, de restaurar, de cuidar, de introspección y de acción.

Mis impactos emocionales son tantos que no voy a extenderme. Solo os puedo decir una cosa, mis queridos creadores de estrellas: si miras un impacto con todo el amor con el que puedas mirar, es, simplemente, supervivencia, protección, activación, aunque paralice.

Algo se activa en ti que no te deja moverte ni expresarte ni comunicar desde el razonamiento ni la emoción.

Para superar un impacto emocional hay que mirarlo desde una perspectiva de gratitud.

La gratitud es importante mantenerla para poder conocer tu impacto.

Gracias al impacto emocional, te conoces, te reconoces y puedes llegar a comprenderte.

Puedes llegar a aceptar que todo lo que pasa en la vida es para tu aprendizaje y que todo lo que la vida te regala es para tu crecimiento y aprendizaje.

Para que te realices y seas capaz de sacar todos tus recursos internos. Todos.

Por eso este libro se llama *VIVE TU PROPIA LUZ*.

Porque solo tú puedes vivirla. Los demás pueden acompañarte, orientarte y guiarte, pero solo tú eres el responsable de crearla, de inventarla y de ser capaz de ser tu propia estrella. De dejar ver tu luz. Compartirla. De sentirla.

¿Qué significa para mí crear tu propia estrella?

Significa que seas tú mismo con toda tu esencia, con todas tus sombras y luces y que brilles en tu luz y en tus sombras.

Que seas capaz de amarte completamente y de amarte incondicionalmente.

Capaz de amarte tanto y de que a la vida no le quede más remedio que amarte también.

Cuando sucede eso, empiezan a aparecer las personas adecuadas y las situaciones. Todo empieza a equilibrarse, conocerás gente extraordinaria y a gente maravillosa que te van a acompañar en el camino.

Gente con la que compartirás y vivirás experiencias maravillosas.

Cuando empiezas a quererte y a amarte se revoluciona tu vida. Primero aparece la confusión, el caos y el no saber identificarte. Aparecen un millón de sensaciones y de emociones que no sabes gestionar hasta que, por fin, se encuentra el equilibrio. De repente, un día, sucede algo y aparece el equilibrio.

Es un entrenamiento. Un entrenamiento de vida. La vida es un total entrenamiento. La vida es entrenarse y es ser tu propio entrenador.

La vida trata de que seas feliz y de que tú mismo encuentres esa felicidad en ti. En ti. Atiende bien. En ti. Encuentra tu felicidad en ti.

Una vez la encuentres, ya todo lo que pase a tu alrededor perderá importancia. Ya te amas lo suficiente como para darte cuenta que tú eres el responsable de tu felicidad, de cómo te estás sintiendo, de que estás gestionando mal y de todo lo que tienes que aprender a aceptar.

Date tu tiempo. Tu tiempo no tiene que ser como el de los demás.

Respeta tus tiempos y tu manera de afrontar de gestionar la vida.

Hay momentos que deberás tomar decisiones. Decisiones que quizás no sean agradables de tomar, decisiones en las que no sabrás si te estás equivocando o no, decisiones en las que vas a tener que ponerte en primer lugar y decisiones en las que vas a tener que elegir lo que te haga feliz.

Decisiones. Las decisiones, a veces, no son las correctas o sí. Quizás siempre sean las correctas, porque son las que en ese momento has sentido que tenías que hacer. Las consecuencias después de esa decisión ya no se pueden cambiar la manera, pero la forma de sentir, sí depende de ti. Depende de ti que decidas gestionarlo, superarlo y continuar adelante.

Las decisiones de rendirse. A veces, también es bueno rendirse y hacer una parada. Una parada y una pausa agradable.

Hacer una pausa agradable para escucharte, para observarte y para analizarte. Una pausa para volver a coger fuerzas.

Una pausa agradable para identificar qué te está pasando.

Aceptar. Aceptar también lo que está pasando en este momento. Poder aceptar para después poder tomar decisiones y tomar la decisión que mejor te haga sentir.

Tomar la decisión de ser feliz. Tomar la decisión de seguir creando tu propia estrella. Tomar la decisión de querer, de querer la vida y todas sus circunstancias. Tomar la decisión de ver y de saber que no somos perfectos. Tomar la decisión de amarte. Esta es la más importante. Toma la decisión de amarte.

Tomar la decisión de amarte es lo que va a llevarte a tu éxito y es lo que va a llevarte a realizarte como ser humano. Es lo que va a llevarte a ser tu propia estrella y es lo que te va a llevar a las estrellas.

El miedo paraliza, el miedo bloquea y el miedo no te deja ser tú.

Una vez que conoces tus miedos, todo cambia.

Tus miedos son tus mayores fortalezas. Detrás de ellos está tu sueño, tu vida y todo lo que eres.

Un día salté en paracaídas, porque quería volar. Quería volver a confiar en la vida, confiar en mí y sentir la experiencia de vacío que se crea en un salto. Y me encontré con la sorpresa de que saltar al vació es encontrarte a ti mismo.

Porque ahí arriba, en el aire, no tienes nada y, sin embargo, lo tienes todo. Te tienes a ti.

Aún recuerdo la pregunta que le hice a mi instructor de salto justo antes de subir al avión. Le dije: "Fernando, ¿algún consejo antes de saltar?". Y me dijo: "respira. Solo respira. Porque si no respiramos nos morimos los dos". Así que me dije: "Mary, es fácil. Solo tienes que respirar".

Eso es la vida: respirar y disfrutar del camino.

Lo que sentí en el salto fue paz, amor y libertad.

Estamos llegando al final. Al final de crear tu propia estrella y que, ahora, es vivir tu propia luz y que significa vivir tu propia luz.

Quiere decir que creas, que crees y que decidas crear tu propia vida. Que decidas elegirte y que decidas vivir como tú quieres vivir que decidas elegir la vida que tú quieres vivir. Y te construyas, te crees a ti mismo, te reinventes y te motives a ti mismo. Te conozcas y que elijas desde el corazón y desde el amor desde tu intuición.

Que pasitos pequeños te llevan a grandes pasos.

Que quieres y que tienes, que necesitas y que vas a aportar. Que conozcas los recursos internos que necesitas para que te dejen ver. Búscalos. Los tienes. Solo tienes que confiar en ti y creer en ti. Confianza. Confía en ti. Tu confianza es lo que te va a dirigir a tu luz y tu luz te va a llevar a tu confianza.

Una decisión puede cambiar tu vida. La decisión de no rendirte, la decisión de elegirte, la decisión de ser feliz, de elegir tu propia felicidad, la decisión de decidir quererte, la decisión de amarte a toda costa y de amar tus sombras y tus cosas. Esas que no te gustan tanto de ti, pero que son tuyas. Amar la vida y toda su incertidumbre.

Crear una visión. La visión es, quizás, lo más importante. Crear tu visión, porque sin visión no sabes a dónde vas.

Sin visión tu sueño se cae. Sin visión no tienes fuerza y sin visión te pierdes en el camino. Sin visión no sabes dónde vas.

Decidir desde alma y mente unidas. Decide con mente y corazón. Une. La unión es lo que hará que te muevas.

La vida trata de eso. De unir. De unir todo para poder comprenderlo.

La unión hará que te muevas. Buscar mi unión y querer encontrar la verdad es lo que ha hecho que yo me mueva. Es lo que ha hecho que descubra mi verdad. La mía. La que puedo compartir hoy contigo, mi querido valiente creador de estrellas y sueños. Sé valiente y crea. Crea con tu luz tu propia estrella. Y aparecerán ante ti personas, circunstancias y experiencias que te harán abrir tu vida a un mundo lleno de posibilidades y a un mundo lleno de amor.

Porque tú eres tu propio amor. Tú eres tu propia estrella y tú eres tu propia luz.

Tu trabajo en esta vida es compartirla. Es compartir todo lo que tienes y dar. Dar desde lo más profundo de tu ser.

Dar desde el desapego y dar desde la verdad. La verdad de corazón.

Escucha el latido de tu corazón en momentos que no encuentres salida. Escúchalo y déjalo latir. En esos momentos él te dará la respuesta a lo que estás buscando.

El latido de tu corazón es tu guía, es tu motor y tu fuerza. Y el corazón es el órgano con más… No sé cómo poder explicártelo, mi querido valiente.

Siéntelo.

Simplemente, siéntelo.

La vida es un juego para ser feliz y sentirte bien con uno mismo para poder compartir con los demás, dar amor y recibirlo.

GRATITUD A TUS PADRES

Sanar la relación con tus padres.

Sanar la relación con tus padres es la base. En mi experiencia y en la de muchas personas que conozco, sanar la relación con tus padres es lo que te da abundancia y es lo que te da sanación. Sanar la relación con los padres es lo que va a hacer que tú te permitas ser feliz.

Es lo que va a hacer que tu vida cobre otro sentido, es lo que va a hacer que tú y toda tu familia sane heridas y cambie patrones que solo estaban para proteger y una vez esos patrones se cambian llega la transformación.

Cambio y transformación no es lo mismo.

Cambio. Puedes cambiar en un segundo. La transformación necesita de mucho amor y comprensión. La transformación necesita de ti. La transformación necesita que realmente quieras transformarte.

Más que transformarte, yo diría que seas tú, que muestres tu luz y tu esencia y que muestres quien realmente eres. Déjate ver. Déjate ver y comparte todo lo que eres.

Así me sentí cuando hice mi exposición y mostré todo. Todo lo que siento. Todo. Cómo percibo la vida, como la vivo y todo mi aprendizaje hasta ahora y hasta hoy.

La vida es puro aprendizaje. Por eso, en este libro, quiero compartir mi exposición y quiero hacer el regalo de compartir la exposición. Ahora ya deja de ser mía. En el momento que se comparte deja de pertenecerte y ya pertenece a nosotros. Ya es nuestra exposición, igual que esta trilogía. Ya no me pertenece. Esta trilogía ya forma parte de todos nosotros, de todos vosotros, de toda la humanidad, de todas las personas que quieran leerla, de todos los valientes que decidan un día leer esta trilogía y de realizar cambios y transformaciones en sus vidas.

Dando es como se recibe. Compartiendo es como se crece. Amando es como se ama.

No hay secretos, no hay claves, no hay vacío, no hay nada y, sin embargo, esta todo.

¿Qué es la vida?

¿Qué es el amor?

¿Qué es vivir?

¿Qué es amar?

¿Qué es tener miedo?

¿Qué es la incertidumbre?

¿Qué es reencontrarte?

¿Qué es brillar?

UN VIAJE AL CORAZÓN

LA ACCIÓN

La acción es lo que te lleva al éxito y a los errores. La acción es lo que mueve la vida, la acción es lo que crea movimiento, la acción es lo que te va a hacer crecer, la acción es lo que te va a hacer ser tú mismo, la acción es lo que te va a hacer convertirte en tu mejor versión, la acción es lo que va a hacer que tú te realices, la acción es lo que hace que tu sientas amor porque el corazón necesita moverse, el corazón necesita que le des acción y el corazón necesita de ti. Tu corazón necesita de ti al igual que tú necesitas de él.

Estáis unidos, estamos unidos, todos necesitamos al otro y no nos construimos sino es con el otro.

Así, que, a moverse y a meter movimiento al corazón. El corazón es la energía más grande, más fuerte y más pura que existe.

A meterle caña al corazón. Haz que tu corazón sonría, haz que tu corazón sienta que lo escuchas y haz que tu corazón se sienta orgulloso de ti.

Haz que tu corazón se sienta importante y haz que tu corazón crea en ti y tú en él.

Trabajar unidos, trabajar en equipo, trabajar en armonía, trabajar en equilibrio, trabajar en paz y trabajar con todos los aprendizajes. Trabajar en unión.

Lo que esta trilogía ha significado en mí es unión. He conseguido unir. Unir toda mi vida, unir todas mis acciones y no acciones. Unir. He conseguido unir, unirme y he conseguido encontrar lo que estaba buscando.

Y ese es mi propósito para ti y de esta trilogía. Que te encuentres, que te quieras, que te unas a tu corazón, que vuelvas a él y que construyas a partir de él.

Que seas capaz de ser, de sentir, de vivir, de arriesgarte y de vivir la experiencia de vivir.

Que seas capaz de vivir con paz en tu mirada, que escuches a tu voz interior, y seas capaz de vivir tu propia luz. Muéstrate, déjate ver, construye la vida que sueñas. Se puede. Si se puede.

Puedes construir tu vida y la de tu alrededor. Puedes hacerlo porque eres un valiente creador de sueños y luz. Tú puedes y lo harás. Ya lo estás haciendo leyendo esta trilogía. Es el primer paso ahora. Continua. Continua y no pares. No pares hasta lograrlo. Busca ayuda y pide ayuda y a por todas. ¡A por todo, campeón o campeona! ¡A por todas!

Eres un valiente. Mi valiente. Somos valientes. Te amo, mi querido lector. Gracias por elegirme, gracias por acompañarme y gracias por vivir esta experiencia conmigo.

Vive. Vive tu propia luz.

Todos tenemos las emociones básicas que son las que nos acompañan. Miedo, rabia y tristeza. Al otro lado, alegría, verdad, y amor.

En el miedo encuentras el amor, en la rabia la verdad y en la tristeza la alegría.

Conocer y experimentar. Espíritu, puro creador. Cambia tu experiencia interna. Esta es la llave maestra de la vida. Amor poder y aceptación.

La emoción es energía en movimiento.

El pensamiento es energía pura. El amor es todo lo que hay.

El sentimiento del amor es vuestra experiencia con Dios.

Imágenes en movimiento es igual a película.

En el universo no existen las casualidades.

Te hablaré si me escuchas.

Invítame. Estoy en todas partes.

CREACIÓN-CREATIVIDAD

¿Qué visión tenemos de nosotros mismos y de nuestro planeta?

¿Quiénes somos?

¿Qué es más fácil? ¿Pensar o actuar?

¿Qué elegimos? ¿Libertad o responsabilidad?

¿Podemos transformarnos?

Somos co-creadores. Si no nos gusta lo que hacemos podemos cambiarlo y mejorarlo, creando otras circunstancias, trascendiéndolas o mejorando nuestras respuestas ante ellas.

No podemos vivir de espalda a nuestras emociones ni, tampoco, dejarnos controlar por ellas.

Debemos aprender a crear sinergias entre razón y emoción.

El bienestar emocional y la salud mental se consiguen canalizando nuestra creatividad para mejorar nuestra realidad interior y exterior.

Aprendizaje, evolución y crecimiento conjunto.

Para hacerlo es preciso educarnos y educar.

Con unidad, realidad, libertad, responsabilidad, con respeto, prevención, sostenibilidad, crecimiento paralelo, coherencia, acción y conservación.

CREATIVIDAD

La creatividad no se reduce al arte. La creatividad soluciona conflictos y problemas. Todos somos creativos.

A veces, hay que destruir para crear y volver a construir, volver a crear y volver a construir de nuevo. Algo nuevo, algo mejor y mucho más ecológico emocionalmente.

La creatividad te lleva al aprendizaje o el aprendizaje a la creatividad.

LA ACCIÓN

La acción es lo que te lleva a la creatividad. Pero también, para crear se necesita la reflexión y el silencio. Y, sobre todo, autoconocimiento.

Crear es volver a tu esencia y a tus posibilidades. Crear es saber quién eres y es conocerte. Cuando creas te vas transformando. Ahora bien, está la creación desadaptativa y la creación adaptativa. Crear es …. Yo creo que crear es alimentar. Es alimentar quien quieres ser y, para ello, hay que observar lo que has creado hasta ahora. ¿Qué emociones han ido creando tu vida? ¿Emociones adaptativas? o ¿emociones desadaptativas?

Es importante observar qué emociones son las que están controlando tu vida y recordar que una emoción viene de un pensamiento, y que un pensamiento viene de una creencia.

La raíz de crear surge de la creencia.

Lo que crees, creas y no es una frase hecha, sino la pura realidad. Según crees, creas.

Así que hay que estar atentos a lo que estamos creando y atentos a que queremos crear.

Proceso creativo de crea-acción.

Sacar todo nuestro potencial y llegar a ser lo que somos.

¿Qué fue primero? ¿El huevo o la gallina?

Primero, la gallina, porque ha logrado ser todo lo que tenía que ser para estar en presencia.

El huevo todavía no ha sacado todo su potencial.

Desde la imaginación todo es posible, pero nada es ponerle acción. A la imaginación hay que ponerle acción.

Empieza la creatividad por el final. Crea acción. Si no hay acción, no hay cambio. Si no hay cambio, no hay creación.

La creatividad es pensar que puedo hacer las cosas diferentes para mejorarlas.

El arte es catalizador del dolor para convertirlo en belleza. Hasta que no se comparte no se acaba el proceso. Por eso, es importante compartir. Compartir tus creaciones.

El otro se tiene que enterar de la obra. Deja una huella y comparte lo esencial.

La persona creativa y su obra consiste en hacer alma. El alma está conectada con su psique y hacer alma es iluminarla y es iluminar tu psique.

¿Cómo acceder al almacén?

Por rendición, el vacío y, al vaciar, te llega la información.

¿Pensar o imaginar?

Cuando piensas, te vienen imágenes. Estas imágenes pueden ser auditivas, visuales y sensitivas.

Cambia tus patrones. Esos que ya no te funcionan. Patrones que, hasta ahora, te han inmovilizado o patrones que, hasta ahora, ves que ya no tienen que estar en tu vida.

Que ya han hecho su función y ahora hay que rectificarlos, agradecerlos y poder cambiarlos por otros más potenciadores.

Ordena, imagina, trabaja tu inconsciente, inventa, renace y renueva.

Vamos a aprender cómo manejar la estructura de la experiencia en la que necesitamos encontrar sentido a nuestros padecimientos. Lo de ayer solo te dará las pistas.

Una disonancia es una desarmonía. Nuestro pensamiento, emoción, acción está en desequilibrio y hay una incoherencia.

Cuando tengas una disonancia, dite: "ostras, ¡qué guay! Tengo una disonancia. Aquí hay algo que afinar". Esta es otra forma de abordar esta diferencia.

Observa la incoherencia desde una perspectiva creativa.

¿Qué hay que ajustar?

Curiosea la vida y crea un pensamiento lateral que te ayude a ser más creativo. El pensamiento lateral te ayuda para encontrar diferentes rutas cuando estás muy agobiado. Consigue conectar ideas para no quedarte paralizado.

Busca más opciones y crea la tuya propia. Hay millones de posibilidades.

¿Cuál eliges?

Las disonancias abren puertas. La disonancia te llama la atención y observa de diferente manera. Pon conciencia.

Así empiezas tu proceso creativo y diferentes tipos de pensamiento para usar la atención de forma distinta.

El pensamiento divergente empieza en una idea. No hay límites. Todo es posible.

La salud mental y emocional es muy importante. Para eso hay que hacer algo distinto cada día.

Cuando una emoción está a tope, llega el bloqueo. Aquí, lo que ocurre es que lo que yo había pensado ya no va a ser. Algo ha cambiado y las cosas no salen como yo quería. Lo externo refleja todo lo contrario a lo que yo quería. Esto puede ser posible a una disonancia. Entre lo que crees, piensas y sientes, el PEA está en desequilibrio y el exterior te está informando de que hay algo que debes mejorar y cambiar o, simplemente, escucharte y saber qué quieres. Porque todo lo que pasa, en el exterior, es un reflejo de lo que pasa en nuestro interior. En el nuestro y en el colectivo. Así que hay que ser consciente de qué pensamientos, emociones y acciones estamos creando en nuestro interior.

El momento de bloqueo es clave cuando no sabes elegir y piensas que la idea ya no es buena. En el momento de bloqueo tienes que empezar a discriminar y decir: "ostras, esta idea no ha salido". Y buscar y encontrar otra que se pueda adaptar a la idea principal. Cuando hay una disonancia hay que mirar muchas más posibilidades. Posibilidades de observar la escena y los retos que tenemos cuando algo inesperado sucede.

Tienes que pasar lo siguiente del proceso. Todo lo que diverge abre posibilidades. Hazte preguntas despertador, preguntas que te hagan moverte.

¿Qué pasa cuando la vida me sorprende?

Ahí, se ve tu madurez y si tu pensamiento, emoción y acción están en equilibrio o, todo lo contrario, está en disonancia. Hay una desarmonía.

El proceso de habituación es el otro proceso de pensamiento.

Hay un pensamiento convergente cuando pasas la frustración. Pase lo que pase, lo hago una vez que me he recuperado.

Tienes que hablar a tu mente y decirle, "yo quiero esto". Poner el GPS para llegar redirigiendo y darse cuenta si de verdad quiero eso.

¿Qué pasa cuando has abandonado?

Genial. ¿Ahora qué hago? ¿Sigo queriendo aquello en mi vida?

Voy a coger esa idea y a ver cómo puedo llevarla a cabo.

¿Lo puedo volver a incorporar?

Es ir al cerebro y decirle "yo esto lo quiero, pero no sé cómo". Busca ideas y busca foco. Un foco amplio donde está la clave. Primero busca tu por qué, el por qué que te dé la fuerza y el para que te da claridad. Cuando sabes qué quieres, es pedir. Pedir lo que quieres y olvidarte de ello desapegarte de ello y crear un plan de acción para conseguirlo. Identifica que quieres y crea tu plan de acción para llegar a ello desde el desapego. Eso es tener fe de que tú vas a hacer tu parte para lograrlo.

¿Por qué quiero hacer esto?

Lo que te mueve es de dentro hacia fuera.

1- Hechos y cifras

2- Emociones y opiniones

3- Pensamiento negativo

4- Pensamiento positivo

5- Creatividad

6- Normativo

El Proceso creativo necesita preparación, incubación, intuición, iluminación, evaluación, verificación y la elaboración.

El vuelo tiene que ser observado. Si no volamos no se ha acabado.

¿Cuál es el proceso de hacernos personas?

¿Cómo manejo la estructura de eso que vivo? La estructura de la experiencia.

Busca en tu conocimiento propio y en el conocimiento común.

Necesitamos encontrar sentido a nuestros padecimientos.

Ordenar, imaginar, trabajar con el inconsciente, inventar, esforzarse, enmascarar, renacer y renovar.

Cuando aparecen las resistencias que te echan para atrás, ten una fuerza mayor o una fuerza neutralizante que te ayude a seguir por tu sueño. Actualiza tu diálogo interno para disolver la resistencia. El bloqueo que no te permite todavía realizar tu sueño. Encuentra algo que le dé sentido de nuevo.

El proceso acaba cuando se ha materializado.

Como esta trilogía que ya se ha materializado, ya llegó a su proceso, a su creación, a su unión y a la unión de tres libros llenos de emociones, de sensaciones y de vivencias mágicas y constructivas.

He conseguido sacar mi creatividad escondida. He conseguido escucharme y conocerme mucho más. He conseguido realizar un sueño. Muchos sueños. Como, también, crear mis exposiciones. He conseguido escribir una trilogía que pronto saldrá a la luz. He conseguido superar la muerte de mi padre gracias a poder entender cómo se procesa un duelo. He conseguido amigos increíbles y maestros espectaculares. Y he conseguido expresar mis emociones y comprenderlas, quererlas y respetarlas con mi escáner emocional.

La meditación, la contemplación y la observación de nuestra respiración pueden mostrarnos el camino.

Hay que conectarse a energías limpias, renovables y sostenibles como el amor, la alegría, la gratitud, la ternura, la generosidad y la voluntad. Todas ellas, ligadas a la creatividad, construyen territorios interiores capaces de mantener y fomentar la confianza.

Amor. El amor es, en definitiva y allí donde se fija, nuestra mirada cuando la muerte está cerca. Dar amor y aprender a recibir amor es lo más valioso.

El bienestar emocional y la salud mental se consiguen canalizando nuestra creatividad para mejorar nuestra realidad interior y exterior.

Una gestión adaptativa entre nuestro territorio interior y exterior.

La salud es una forma de vivir. Cada día es más autónoma, más solidaria y tiene mayor gozo. El gozo es fundamental, pues sin gozo no hay salud.

Vivir con gozo te da energía.

El gozo es una forma de comprensión de tu vida cuando la valoración de tu vida te provoca alegría y paz y cuando la valoración del conjunto de tu vida está alineada. Eje pensamiento-emoción-acción. Reajustarse es salud.

Querer mejorar para ser, no para tener.

Es importante aceptar las pérdidas para la salud. Tu vida continúa después de las pérdidas y hay que integrar las pérdidas.

Conectar y ser capaz de conectar con lo bonito de la vida.

Parte de nuestra salud es como nos contamos la historia y nuestra historia.

Experimentar cosas nuevas hace que el cerebro tenga nuevas conexiones cerebrales.

La salud es importante mantenerla, cuidarla y experimentarla.

Vivir es salud, pensar bien es salud, conocerse bien es salud y amarse bien es salud.

Entonces, ¿por qué pasamos la vida sobreviviendo, sin arriesgar a vivir una vida plena y feliz?

El viaje. El viaje de la vida. La vida es el viaje, nosotros los viajeros, las situaciones que vivimos los paisajes y las crisis nuestros desiertos emocionales. En el color del paisaje nos encontramos con nuestras emociones, nuestro equipaje y los recursos que tenemos. ¿Quién nos acompaña?

Los compañeros de viaje.

Gracias, mis queridos valientes, por ser compañeros de viaje.

Gracias por hacer que este viaje haya valido la pena. Gracias por formar parte de mi viaje hacia mi autoconocimiento y responsabilidad. Gracias por compartir camino.

UN VIAJE AL CORAZÓN

¡¡Mis queridos valientes!!

Llegamos al final. Al final del libro, al final de la trilogía o al principio, mis valientes. Ya os he dicho que este puede ser el primer o el último tomo. Todo depende de cómo lo queráis leer.

Leer esta trilogía del derecho o del revés. Todo es posible, así que, mis queridos valientes, adelante. ¡Adelante, valientes!

La verdad nos hace libres.

¡He leído tantas veces esta frase y me la han dicho tantas veces! Es la pura verdad. La verdad nos hace libres.

Descubrir la verdad, vuestra verdad y la verdad de los demás.

Compartir las verdades. Las verdades de cada uno desde el respeto, desde la humildad, desde la aceptación y desde vuestro máximo amor.

La verdad puede doler y seguro que duele.

Pero duele más no saber la verdad. Y también suponer. Suponer te hace crear historias e incertidumbre.

La verdad. La "verdad", para mí, significa "dad" y "ver". Si separáis ver-dad os daréis cuenta de que es ver y dad.

Dad. Dad desde el corazón y ver desde el corazón.

La libertad de poder compartir la verdad, la libertad de poder exponer tu verdad, tu máxima verdad.

Conócete primero para conocer. Conócete y respeta tu aprendizaje, tu autoconocimiento y tu realidad.

Y la realidad de los demás, no tiene por qué ser la misma.

Respetar. Respeto por ti, por los demás, por la naturaleza y por la vida.

El respeto y el amor a la vida es algo importante y es imprescindible sentir respeto, vivirlo y experimentarlo por ti, por la vida y por los demás.

Respetar las verdades de cada uno, los tiempos de cada uno y, lo más importante, vivir sin juzgar y sin condenar. Lo que la otra persona está pasando tú no lo sabes y lo que tú estás pasando, si no prestas atención, tampoco lo sabes.

Todo esto te hace llegar a tu verdad. A tu auténtica verdad. Conoce tu verdad y tu historia. Compréndela, acéptala y agradécela.

Tu historia te hace ser tú y tu historia te hace grande. Tu historia te pertenece y tu verdad te pertenece.

Eres libre de elegir contarla, compartirla o quedártela para ti.

Tú puedes crear tu historia. La puedes crear a partir de la historia que ya conoces, de la historia que has vivido hasta ahora, y puedes darle un giro, puedes volver a crear tu historia, puedes volver a pasar por el corazón y crearla desde el amor, desde la gratitud y desde la aceptación. Eso te aportará libertad. La libertad que estás buscando, la libertad que buscas en ti y que buscas en los demás. La libertad de elegir vivir tu historia y disfrutarla.

¿Quién soy?

¿De qué va esta trilogía?

¿Qué va a aprender en mi trilogía?

Soy Mary Lechuga Ozáez.

Y en mi trilogía, *Paz en tu mirada*, vas a descubrir quién eres, vas a encontrar ese pedacito de ti que tenías olvidado y vas a encontrar y saber cómo realizar tus sueños.

Paz en tu mirada.

¿Quién soy?

Soy una trilogía. Una trilogía nueva que justo empieza su viaje y justo empieza a hacerse realidad.

Soy una trilogía que sirve para abrir el corazón y seguirlo. Una trilogía para darse cuenta de que somos valientes.

Soy una trilogía que va a ayudarte a saber quién eres, qué sientes, qué necesitas y qué puedes hacer para crear la vida que tú quieres.

Gracias por elegirme.

Soy una trilogía en la que vas a encontrar acompañamiento y donde vas a encontrar paz en tu mirada.

Soy una trilogía en la que vas a descubrir tu realidad y aquello que te hace llegar al centro. Tu centro. Al centro de tu corazón.

Soy una trilogía que está naciendo y que está creciendo. Todavía no sé qué más puedo aportar. Soy una trilogía hecha desde la conciencia y el amor incondicional a la vida.

Soy una trilogía que nace con ganas. Ganas de compartir, ganas de comunicar y con ganas y ganas de expresar desde el corazón.

Mis ganas de escribir y de compartir mi historia me han dado el impulso de hacerlo y de motivarme para lograr cumplir mis sueños. No es fácil, aunque puede ser sencillo. Solo tienes que tener ganas. Ganas de crecer, ganas de aprender, ganas de entusiasmarte cada día, ganas de realizarte y sentirte cada día un poquito mejor, ganas de comprometerte contigo mismo y ganas de ayudarte a ti mismo para después poder ayudar a los demás.

Ganas y ganas. Ganas siempre que tienes ganas.

Ganas de ganar y ganas de seguir teniendo ganas.

EMOCIONES-ENERGÍA EN MOVIMIENTO

FOTOGRAFÍO EL CAMINO

SOMOS ARTISTAS, EXPLORADORES Y VIAJEROS DE LA VIDA: UN CAMINO LLENO DE EMOCIONES Y CAMBIOS.

Escritora de imagenes
Energía en movimiento
ENFOCANDO

Todo viaje tiene un destino secreto que el viajero ignora. Ciertamente, la respuesta estará en el camino.

¡VAMOS!

¿Te atreves a viajar?

Fotografío el camino. Emociones: energía en movimiento.

Somos artistas, exploradores y viajeros de la vida: un camino lleno de emociones y cambios.

STOP

Para y Escúchate.

Disfruta del silencio, porque el silencio también se disfruta. Las pausas en la vida, como en la música, son necesarias y nos permiten tomar aliento para despegar de nuevo. Que tu stop te sirva para moverte. La inspiración que buscas ya está dentro de ti. Quédate en silencio y escucha.

FOTOGRAFÍO EL CAMINO

Que tu corazón, y no tu mente, muestre el camino.

VIAJE

Cuando viajas, te encuentras. Un viaje no es más que una aventura llena de sorpresas y experiencias nuevas.

¡DIVIÉRTETE!

RECORRIDO

Todo está por hacer y todo es posible.

CONFIANZA

Nuestra historia comienza cuando alguien cree en nosotros y florece cuando somos capaces de confiar en nosotros mismos. La FE en uno mismo alarga la existencia.

PASIÓN

Imaginación y valentía

El artista debe encontrar el impulso vital para acometer su obra y convertir sus gigantes en talento. Todo aquello que quiere vencer y liberar. La clave está en transformar una debilidad en una fortaleza. Requiere, en definitiva, talento.

CUANDO AMANECE

¡Qué pedazo de amanecer!

¡Qué bonito!

REALIZA TUS SUEÑOS

Los sueños se cumplen si crees en ellos antes de que se cumplan. Conéctate con tus sueños e ilusiones. Es lo mejor que te puede pasar. Construye la vida que sueñas.

EQUILIBRIO

El viento no es más que la forma que tiene el aire de intentar mantener las cosas en equilibrio.

LUZ

Mantén la inocencia, la alegría, el entusiasmo y las ganas de explorar, de investigar y descubrir cosas nuevas. Solo así disfrutarás. Todo es posible en esta vida.

Disfruta del momento presente y hazlo inolvidable.

Amate y triunfarás.

Confía y sé Feliz.

IMPULSO VISUAL

Aprende a sacar partido de las estaciones de la vida porque son inalterables y siempre llegan.

En verano alimenta tus sueños.

En primavera crea oportunidades.

En invierno aprende, crea tu semilla.

En otoño llega la recolección.

CRECIMIENTO

La mejor manera de escapar de un problema es resolverlo.

Con sabiduría, AMOR y comprensión.

FLEXIBILIDAD

En todos los viajes se aprende algo.

Abrimos los ojos de otra manera.

Permítete mirar de forma distinta.

Cada paso es un regalo.

Estamos siempre viajando.

ATARDECER

¿Cuánto vale un recuerdo?

INSPIRACIÓN

Observa profundamente la naturaleza y, entonces, lo entenderás todo mucho mejor.

CORAJE

SEGUIMOS CAMINANDO con coraje, responsabilidad, propósito, unión y cooperación, confianza, humildad y AMOR.

Puedes crear una vida bella creando condiciones fértiles.

CONSCIENCIA

Conecta contigo mismo, con los árboles, con el sol, con todos los elementales y... aumenta tu consciencia, sobre ti mismo, sobre la tierra y los demás y comparte.

Despierta tu conciencia.

AVENTÚRATE

Escribe tu historia.

Recorre, para, respira y observa sin prisa.

Paso a paso.

En silencio.

Explora, descubre y conecta.

CREANDO SUEÑOS

¿Qué título le pondrías a esta foto?

Horizontes

¿Qué es el horizonte?

MAR ADENTRO

¿Qué es un deseo?

El deseo marca tu camino.

APRENDIENDO A VOLAR

Cuando desplegamos nuestras capacidades, ¡volamos!

Cuando tienes un fuerte impulso de volar, de crecer y de convertirte en una persona capa, persona creativa, amorosa, pacífica y autónoma, los obstáculos son oportunidades para realizar tu sueño. Y, si no te rindes, cuando estás agotado y sin fuerzas y solo te dices "estaré mejor mañana, porque anoche tuve un sueño y he decidido realizarlo", finalmente…

¡VUELAS!

Saltar es… Enamorarte de la vida.

PAZ, AMOR y LIBERTAD.

CONTINUAREMOS… Nuestro universo tiene 7 atributos y estos son:

VIDA, VERDAD, AMOR, INTELIGENCIA, ALMA, ESPÍRITU Y PRINCIPIO.

…Sube al tren de la oportunidad.

GRACIAS, GRACIAS Y GRACIAS.

ENTUSIASMO

Cada día es un regalo,

disfrútalo, Siéntelo,

Vívelo, compártelo.

Vive entusiasmado.

MIRADAS DEL CORAZÓN

Mis queridos valientes, para hacer realidad mis sueños, he tenido que recuperar mi entusiasmo. Digo recuperar porque siempre está. El entusiasmo siempre está. Solo que, a veces, te llega un pensamiento que te hace olvidarte de él. Tu trabajo y lo único que tienes que hacer es volver a conectar con él, volver a pasar por el corazón, volver a reconectarte contigo mismo y aprender a tener paciencia.

Paciencia es el arte de la ciencia. Paciencia infinita. El entusiasmo es lo que hace que tu corazón se mueva. Que tú te muevas.

Perdí mi entusiasmo desde muy pequeña. Era muy racional y dejé de soñar. Dejé de creer. Dejé de tener FE. No jugaba y me quedaba paralizada, siempre observando desde fuera y sin entrar a jugar. Mi timidez no me permitía expresarme.

Eso hizo que mi corazón se cerrara y que estuviese siempre en alerta y buscando protección. Era injusto para mí no tener a mi padre conmigo. No lo comprendía y eso me hizo ser rígida y exigente. Estaba en enfado. Un enfado sin expresar. Rabia contenida y no gestionada de forma adecuada. He descubierto que en la rabia está la verdad. Cuando algo te da rabia ahí está tu verdad. En esa rabia, si la observas desde otra perspectiva, te reconoces y creces. Esa rabia te hace entenderte y moverte hacia la dirección correcta.

Porque comprendes. Hasta que no comprendes una situación no se resuelve y se vuelve a repetir. Hasta que tú integres la experiencia.

Eso es mi experiencia de vida, es mi reflexión y es mi conocimiento hasta hoy.

Siempre estamos aprendiendo, siempre estamos creciendo y siempre vamos a experimentar cosas nuevas. Nuevas sensaciones, nuevas emociones, nuevas habilidades y nuevas herramientas de vida.

Entusiasmarse es enamorarse y, a veces, enamorarse da miedo. Para mí enamorarse y entusiasmarse es casi lo mismo. El corazón se te acelera y se crean sensaciones por todo tu cuerpo. Se crea movimiento. Movimiento vital. El movimiento es salud.

Así que, enamórate de ti cada día para entusiasmarte y entusiasmar a los demás. Si tú estás enamorado y entusiasmado por ti todo eso lo vas a reflejar y los demás se van a enamorar y entusiasmar contigo. Vas a ser un valiente entusiasmado y enamorado de la vida. Propósito de esta trilogía: enamórate de ti y de la vida. Ama. Ama sin reservas y entrégate a la vida.

Hay algo que todavía no os he contado, mis queridos valientes creadores de sueños y estrellas. Portadores de luz y sueños.

Mi padre se quitó la vida. Por eso siempre me ha interesado el mundo mental. El mundo de los intangibles. Buscaba respuestas a todo eso. Buscaba encontrar la verdad.

Y, ¿sabéis qué? La verdad sí que te hace libre. Libre de culpa, libre de vergüenza, libre de incertidumbre, libre de somatizaciones y libre de crear películas y juicios.

Hay que compartir las verdades y saber expresarlas desde el amor.

Comunicar desde el corazón.

Una vez comprendas la necesidad del otro es cuando podrás cubrir la tuya.

Abre tu corazón y ama.

Actitud, iniciativa y acción. Deja que todo ocurra. Cuando hay claridad, hay pasión, hay compromiso y más capacidad de pensamiento puesto en acción y en tiempo. Y, así, es como ocurren los milagros.

La creación de algo nuevo y diferente en tu mismo sueño hará que este vuelva a tener esa magia que tenía antes de no cumplirse.

La magia está siempre. Siempre está. Solo tienes que ser capaz de verla y si no la ves, entonces, créala tú mismo. Hay millones de opciones de volver a cumplir un sueño.

Reinventar nuestra vida con coraje, sabiduría, generosidad, talento, capacidad de decisión, entusiasmo, habilidad comunicativa, compromiso, determinación, simpatía, fortaleza, curiosidad y creatividad. Lo más importante son los recursos internos. Enfocarse en ellos.

Todo es posible. Decide hacerlo y créelo posible. Ten compromiso e integridad. Rompe tu inercia antigua y crea una nueva. Somos valientes de acción y cumplimos sueños.

Conviértete en la persona de la que te gustaría enamorarte.

Da el primer paso y afronta tus miedos. Hay un universo de posibilidades. La unión hace la fuerza. Crea tu propia estrella, vive el presente, aprecia las cosas pequeñas y ama. Un poco de dulzura no hace daño. Estás a punto de alcanzar el vuelo, mi querido valiente.

Gracias por elegirme. Gracias por hacer este viaje conmigo. Viaja, Sueña y crea. *Paz en tu mirada*, la trilogía para valientes.

LA VOZ DE TU ALMA

En agradecimiento a mi querido mentor, Lain García Calvo.

Gracias, Lain, por crear el programa de tu primer *Best Seller*. Gracias por acompañarme en este viaje.

Mis valientes, Lain aporta muchísima claridad, sabiduría, acompañamiento y reprograma tu mente para el éxito.

¡Qué decirte de él! Me enamora su humildad, sus ganas de ayudar a las personas y de crecer a cada instante.

Es un alma imparable que quiere transformar tu vida para que consigas, para que logres tus sueños y para que veas que lo imposible sí se puede hacer posible.

Si quieres tener la vida de tus sueños, lee, aplica y practica *La Voz de tu Alma*.

www.laingarciacalvo.com

PUEDES SEGUIRME EN MIS REDES SOCIALES:

 marylechugaozaez

 Mary Lechuga Ozáez

 Mary Lechuga Ozáez

 marylechugaozaez@gmail.com

www.ingramcontent.com/pod-product-compliance
Lightning Source LLC
Chambersburg PA
CBHW020917160726
47993CB00005B/2014